折れない心
人間関係に悩まない生き方

橋下 徹
Hashimoto Toru

PHP新書

はじめに

今も昔も、人間関係に悩みはつきものです。学校、仕事、プライベート、恋愛……人付き合いの悩みが一切ないなんて人は、一人もいないはずです。

しかし僕から見れば、現代人は、老いも若きも、人間関係にとらわれすぎているように見えます。

特に、仲の良かった友達と喧嘩《けんか》した、恋人と別れたなどで悩むのは当然としても、プライベートで会うこともない、職場の上司や同僚からの評判を気にしたり、SNSの投稿に対する、匿名《とくめい》の失礼なコメントに凹《へこ》んだり……。自分にとって大切でも何でもない他人との関係に、あまりにも振り回されすぎているように感じます。

そもそも僕は、〝友達〟は大勢いらない。せいぜい、人生で10本の指に収まる数でも、本当に大切な「友達」がいれば、それで十分だと思っています。

本来、人と人とは、摩擦があって当然です。いるだけでざらつき、違和感を抱く存在、それが他人です。友人でも同級生でも同僚でも、上司でも部下でも、あるいは恋人や配偶者であっても、本来、他人とはざらつき、違和感を持つものなのです。

ところが中には、長い時間一緒にいても、「もういやだ」「こいつといるのは面倒くさい」と思わずにいられる相手もいます。

生まれも育ちもバックグラウンドもまったく異なる他人が、2時間ほど一緒にいて、酒を飲んだり、コーヒーを飲んだりして、「楽しい」と思えれば、もうそれだけで御《おん》の字です。

そんな相手が2、3人でもいれば、それは素晴らしく幸福なことで、宝くじに当たる以上の幸運ではないでしょうか。

このように、人間関係はもっとラクに考えていい。僕はそう思います。

「みんな仲良く」という呪縛から逃れよ

こんなことを言うと、「橋下は、人間関係は不要だと言っているようだが、普通の人間はそうではない」という声が聞こえてきそうですね。

これは違います。僕は、人間関係は不要だとは思っていません。ただ、より正しく表現すれば、「目の前の人間関係にとらわれていると、人生で本当に大切なことを見逃してしまうよ」と伝えたいのです。

僕は、日本人が人間関係に悩みすぎてしまう理由は、「みんな仲良くしよう」「足並みを揃えて頑張ろう」という「集団の同調圧力」にあると思っています。

従来、日本人はチームワークが得意と言われてきました。スポーツでも産業界でも、集団としてのチームワークを発揮することで、これまで大きな成果を発揮してきました。この「集団」の力あってこそ、戦後復興や目覚ましい経済成長を成し遂げることもできたのです。

ただその一方で、「個」としての日本人は、集団の同調圧力に屈して、どうしても埋没しがちでした。周囲の空気を読み、マジョリティに迎合し、自分の意見を言わない……。日本人の美徳の一つでもある謙虚さは、これからの時代、「個性がない」「主張がない」と、ネガティブに見られることになるでしょう。

もちろん、日本人にも十分個性があり、主張があり、パワーがある。ただ問題は、それを発揮するような訓練の場が、これまで社会の中に用意されてこなかったことです。

学校でも、「みんな仲良く、協力して勉強しましょう」と言われ、部活動でも嫌と言うほど協調性を求められる。いざ会社に入社したらしたで、強固な組織図の中の一構成員として、「飛び出す杭とならず、皆と協働して頑張る」ことが求められます。

このような同調圧力の中では、人間関係に逐一悩むのも無理はありません。常に周囲と足並みを揃え、本来持っている自分の「個性」を殺して生きていれば、人間どこかで限界がくるはずです。

人間関係を気にせず生きるには、どうすればいいか？

また、いくら「職場の上司や同僚からの評判なんて気にするな」と言っても、仕事では「人に認めてもらえるだけの結果」を出さなければいけない時もあるでしょう。そんな時には、他人の目が気になって当然です。

しかし、他人の目を気にするあまりに、人間関係に消耗し、仕事へのやる気を失ったり、あるいは心を病んでしまったりする方もいます。それでは元も子もありません。

日々の人間関係に対して最低限、注意を配りつつ、かといって消耗することもなく、結果を出し、目標を達成していくためには、どうすればいいか。

僕が今、自身の経験を振り返って考える答えは、**「折れない心」**を持つことです。

とはいえ、それは「どんな理不尽な目にあっても耐えられる強靱《きょうじん》なメンタルを持て」とか、「どんなに人に嫌われてもいいから、我が道を行くべし」といった極端なものではありません。

僕が考える「折れない心」とは、「これが個性だ」と言える「自分の軸」を自身の中に見出すことです。集団の同調圧力から自分を解放し、「個」として生きる勇気を持つこと――すべてはそこから始まります。

僕はこれまで「組織論」については多くの書籍で語ってきたつもりです。実際、これまで大阪府知事や大阪市長、日本維新の会の代表という組織のトップを務めてきたことで、組織の動かし方のコツのようなものを習得しましたし、そのこともあって、多くの人が僕のことを、「組織を率いるリーダー」として、認識してくださっているかもしれません。

でも実際の僕は、大学卒業後は弁護士として独立して事務所を構え、コメンテーター兼著述家として、多くの時間をフリーランスとして過ごしてきました。現在もこうして本を書いたり、講演会で喋《しゃべ》ったり、テレビやＹｏｕＴｕｂｅに出演したりと、組織に属さず「個人」として活動しています。

もっと言えば、僕は子ども時代に東京から大阪に転校したことで、同級生や先輩たちと揉《も》めた経験もあります。だからこそ、「個人」が本来の良さを失わずに、集団と接していくためにはどうしたらいいかを、無意識的に考え続けてきました。

そんな僕が、まさか政治の世界に足を踏み入れ、「組織の論理」にずっぽり浸かっていくとは、子どもの頃には想像もしませんでした。

集団の論理は苦手、組織に属するのが苦手、だから「個」として働ける弁護士としての人生を選んだのです。

そんな僕の人間性から、至極平穏で温厚な、万人から支持される政治家……とはならなかったのでしょうが（笑）、僕はそれでよかったと思います。僕自身、みんなから愛されたくて政治家になったのではありません。僕なりに愛する大阪を、より良くしたいという熱に突き動かされての選択でした。

僕が目指した大阪の改革はかなりの部分が実現できたと自負もしています。もちろん僕だけの手柄ではなく、侃々諤々《かんかんがくがく》の議論を戦わせながらも協力してくれた日本維新の会の仲間や役所の職員たち、また僕の後を継いでさらに大阪を良くしようと今も活躍してくれている仲間たち、さらにはその改革を見届けてくれた府民、市民の皆さんのおかげです。

いくら「個」が頑張っても、何か大きなことを成し遂げるためには「集団」の力なくしてはできないということも、僕は政治家時代に大いに学びました。

ただ、その「組織」を離れて、元のフリーランスの立場に戻った時、やはり「個」として生きる力がすべてのベースにあるとも再確認しています。

まず「個」があって、その次に「集団」がある。決してその順番が逆になってはいけない。そこを間違えると、「個」も「集団」も両方ダメになる。

冒頭でお話しした「人間関係でむやみに悩む現代人」は、そんな状況が原因なのかもしれません。本当は人間関係で悩んでいるのではなく、自分の軸を見出し、「個」として生きる覚悟を持てていないことに悩んでいるのです。

他人に振り回されず「組織の中で自らを貫く要諦」

とはいえ、実際に組織人であるビジネスパーソンが「折れない心」を持ち、「個を貫く」ことはなかなか難しいことも重々承知しています。

上司や取引先の意見に流され、波風立てないように生きている。それではいけないと自分の意見を強く主張して和を乱すのも気が引ける。

そんなことばかりを考えているうちに人間関係に疲れてしまい、モヤモヤとした思いを抱いたまま、何事にも気持ちが入らない……リアルな人間関係の悩みというのは、このようなものではないでしょうか。

しかし、人から嫌われることを恐れていては、何も始まりません。そこで必要になるのが、確固たる「自分の軸」なのです。

詳細は後ほどお話ししますが、「個」を確立し、「自分の軸」を持つためには、「自分と他人が異なることの〝ズレ〟を怖がらない」訓練が必要です。

むしろ、その「ズレ」を積極的に受け入れ、分析し、そこから「自分だけの意見＝持論」を語る必要があります。

このように自分の軸を見出す過程で、「自分と他人の違いを楽しみ、そこから何でも吸収できる」姿勢が身につきます。そうすれば、むやみに他人に振り回されたり、無理に大衆に迎合したりして消耗することはなくなります。

本書では、人間関係に消耗せず生きるための方法、いわば「組織の中で自分を貫くための要諦」をお話しします。

これらは学校や職場で教えられるようなものではありません。僕自身がこれまでの経験を振り返って見出してきた、まさに「持論」です。

これから述べる多くのことは、僕の53年という人生経験の中でようやく気づいたものばかりですが、読者の皆さんには、53年の歳月をかけずともその知恵が得られるよう、少し人生の先輩面をしながらお話ししていきたいと思います。

本書があなたの日々の悩みを解決する一助となれば幸いです。

橋下　徹

折れない心　人間関係に悩まない生き方　目次

はじめに　3

第1章　他人と異なることを恐れない――「ズレ」はむしろチャンスだ

第2章　人間関係は「ドライとウェット」のバランスで考える

第3章　橋下流「持論のすすめ」――自分の軸を見出す発信法

第4章

ズレを見抜き、持論を生み出す「情報収集術」

第5章 組織を生き抜き、チームを活かす極意
――「見えない掟」を見抜く

第1章 他人と異なることを恐れない

——「ズレ」はむしろチャンスだ

他人との「ズレ」を怖がるな

本章では、「折れない心」を持つために必要な「自分の軸」を見出すための第一歩――周囲と自分の間にある「ズレ」を認識する能力の重要性についてお話しします。

他人と自分のズレ、組織と個のズレ、世論と自説のズレ、世間の感覚と自分の感覚のズレ……。生きていると、たくさんの「ズレ（乖離《かいり》）」を体験します。

まず伝えたいのは、「ズレを怖がるな」ということです。

協調性の強い日本人は、世間と自分の「ズレ（乖離）」を、見て見ぬふりをする傾向があります。気づかないふりをして、自分は他の人（集団）と一緒だと、思いたがる。

これは日本という国のシステムの問題かもしれません。6歳になれば一斉に小学校に入学して、飛び級も留年もない義務教育期間を経て、一斉に高校・大学進学、卒業、就職をしていく。自分の周りは、常に自分と同じ学年の人間ばかりで、そのコミュニティ内で通用するファッションを身に着け生きている。皆が見るドラマを見て、皆と同じように「勝ち組」「負け組」を意識して、ライフプランを築き上げる……。

とにかく皆と同じであれば、村八分《むらはちぶ》になることもなく、さげすまれることもなく、心安寧《あんねい》に生きていくことができるという生物としての本能が、特に農耕社会を長く続けてきた日本人には、ＤＮＡレベルで色濃く刷り込まれているのかもしれません。

しかし、いまや「ズレ」こそが、最大の個性となる時代になりました。人気ＹｏｕＴｕｂｅｒやタレントさんの顔を思い出してください。

彼ら彼女らに共通しているのは、思いっきり世間と「ズレ」ていることです。もちろんいい意味で、世間一般の常識や意見とズレているからこそ、独自の存在価値を放ち、皆がその言動に興味関心を持ち続けているのです。

そういう意味で「ズレ」は個性、オリジナリティ、輝きなのです。

人生を変える「ズレ」、イタイだけの「ズレ」

でも、同じ「ズレ」でも、場合によっては「ただのイタイ人」とみなされてしまい、たちまち周囲との不協和音に転じる可能性もあります。

例えば、奇抜な恰好《かっこう》、突拍子《とっぴょうし》もない言動、周囲の度肝を抜くような奇行をすることは、本当の意味での個性、オリジナリティ、輝きにはつながりません。そうした表象的なものではなく、本質的な「ズレ」を探してみてください。

自分の感覚は、なぜこれほど世間と「ズレ」ているのか。日々自分が感じている違和感の正体は何なのか。職場や友達、街中で「ズレ」を感じたら、その本質は何なのかを探してみてください。なぜなら「ズレ」の本質を追い求めることは、あなたの人生を変える個性、オリジナリティ、輝きにつながる可能性が高いからです。

実は、僕にも「人生を変えたズレ」との出合いがあります。それは、小学校時代に東京から大阪に転校したことでした。新参者が来たということで、いきなり殴り合いの喧嘩となりました。言葉も文化も違う環境は、やはり大きな「ズレ」だったのです。

ズレの本質を探す中で、集団の中で張り巡らされている見えないルール、見えない掟《おきて》に気づくようになった僕は、いつからか「法律」に興味を抱くようになりました。集団を社会にまで広げて、その中のルールを見える化したものが法律です。

自分と社会の間にどんなにズレがあったとしても、法律に則《のっと》ってさえいれば自分の立場が弱くなったり、窮地に追い込まれたりすることはない。ズレは自分の個性にもなる反面、異端者として排除される可能性もある。自分のズレによるリスクを回避し、ズレの強みを徹底的に活かすためには「法律を知っておくことが重要だ」と、ある時点で悟ったのです。

同じ頃、弁護士出身の作家、和久峻三さんが法律面白話を本にまとめており、それらを読んだことも、法律の世界の面白さに惹《ひ》きつけられるきっかけとなりました。

このように考えると、僕が後に弁護士という職業を選んだのも、自分のズレを認識することがきっかけとなったとも言えるでしょう。

ズレが生んだ「スピードの橋下」という絶対的価値

自分と他者の間の「ズレ」を正しく認識すれば、そのズレは「差別化」要素になります。直接、あなたの仕事やビジネスを変える要素になりえます。

僕は弁護士として独立開業するのに、1年というスピードで実行しました。通常なら新米弁護士は、大先輩の事務所に勤務するような形で10年、15年と修業期間を積むのが〝常識〟だった時代です。僕がたった1年で独立すると言った時には、周囲の者からは反対されました。「無謀だ」「生意気だ」「絶対成功するはずない」と言われたものです。

そうした声には理由もありました。僕にはまだ経験も少ないし、知名度も実績もない。独り立ちしてやっていける保証などなかったのですから、反対されるのも当然の話です。

それでも僕は、自分の「ズレ」を見定め、ある読みを基に、弁護士としての付加価値を高める作戦に出たのです。それが「スピードの橋下」というブランドです。

弁護士は、その社会的地位の高さから、特に当時は非常にお高く留まっており、殿様商売のような状況でした。弁護士に電話をかけても平日の夜6時以降は誰も出ないし、土日も休み。最初の予約を押さえたくても、最短で2週間後、そこから書面の発送まではさらに4週間……というケースもザラでした。

そこで僕は「スピードの橋下」という点を猛アピールしました。依頼の電話があれば、極力その日中に面談しましたし、通常他の事務所で6か月かかる作業を、3日で行うほどのスピード重視のスタイルを徹底しました。当然、依頼した側は驚きますし、喜びます。「こんなに早くやってくれて」と。通常6か月かかる作業を3日でやるのですから、その差分である「ズレ」が僕の提供する仕事の付加価値となりました。

もっとも、それを永遠に続けることはできません。依頼主が増えれば、すべての事件をそのスピードで処理することは物理的に不可能になっていきます。そこで僕は依頼主は、どのあたりまでスピードを緩めることを許容してくれるのかという点を探り始めました。

通常6か月の納期のところを、最初は3日でやったけれども、それを1週間、2週間と延ばしていく。向こうだって何も3日である必要もないかもしれません。でも、1か月になったら、さすがに「ん？」と感じ始めるかもしれません。

その場合は、「だいたい3週間あたりが、この依頼主の求めるところだな」と定め、それ以降は3週間をめどに仕事をしていくのです。それでも6か月が3週間ですから、やはり依頼主の予想と僕の実際の仕事処理速度の「ズレ」は、僕の強みであり続けるというわけです。

これは他の仕事でも同じではないでしょうか。誰もが仕事の初日には全力で向かいますし、まずは自分というブランドを認知してもらわなくてはなりません。しかし、そうした仕事が増えていけば、いずれキャパオーバーになってしまいます。

そのような状況の際に残業続きでわが身を削り仕事をするのも、僕は違うと思っています。良い仕事をするには、しっかりと休息し、睡眠時間も確保し、息抜きの時間も必要です。

だとしたら投入するエネルギーを微調整していくしかありません。啓発本などを見ると、とにかく全力投球しろなどと書いてありますが、それは持続可能性を鑑みると現実的ではないのです。

相手が一番求めているものは何なのか、期待しているレベルはどのあたりなのか、スピードなのか、正確さなのか、丁寧さなのか、それら全部だとしたらどの水準なのか、許容範囲はどのあたりか。

そのツボさえ押さえることができれば、全依頼者、全案件に対して常に全エネルギーを投入しなくても、相手に対して自分の付加価値としての「ズレ」を感じてもらうことができます。全力投球するところはして、手を抜けるところは相手の許容範囲まで手を抜いてみる。この仕事のメリハリの感覚を摑《つか》むことが、どのようなジャンルの仕事でも大切なのではないでしょうか。

クレームは「究極のズレ」であり、「最大のチャンス」

学生時代にディズニーランド・パークに関するマーケティング本を読みました。そこで一番印象に残っているのが、「クレームこそ宝である」というフレーズです。

基本的にクレームとは嫌なものです。要するに自分が提供したものに対する文句であり、批判であり、注文であるわけですから。「××が良くなかったから、○○にしてくれ」という一方的な要望を受けるのは、誰だって気持ちのいいものじゃないし、イライラもする。自信をなくすこともあるでしょう。

ところがディズニーは逆で、クレームこそが宝だというのです。「クレーム」とは、「もっと良くなるチャンスを与えてもらった」と同じことであると。

「レストランの料理がまずい」「アトラクションが面白くない」「キャストスタッフの対応が悪い」などのクレームは、裏を返せば、「ここを良くすればもっと素晴らしくなるのに」という「好き」の裏返しでもあります。

そもそも期待をしなければ、誰も文句は言いません。「所詮《しょせん》この程度だろう」と、最初から期待値が低ければ、実際「良くない」と感じても、それほど怒りはきません。だからこそ、クレームすらこなくなったら終わり。もう誰も関心を持ってくれなくなった証拠で、そうなれば後は衰退の道を歩んでいくだけでしょう。

さて、改めて考えてみると、この「クレーム」こそ、究極の「ズレ」ではないでしょうか。顧客が期待した域に、自分の提供するものが追いついていない「ズレ」。その「ズレ」を指摘して、改善を要求することが「クレーム」です。そうしてみると、「クレーム（ズレ）」とは、「改善の余地」であり、「伸びしろ」であり、「無限の可能性」と言い換えることもできます。

振り返ると、学業の試験も同じだったことに思い至ります。試験を受けて「だいたい90点くらいは取れているだろう」と予想したのに、現実ははるかにそれを下回り「まさかの55点だった」場合、その差の35点こそが、期待と現実の「ズレ」、すなわち「伸びしろ」になるわけです。

試験は間違いの克服こそが肝です。「なーんだ、こんなに点が悪かったのか（良かったのか）」で終わりでは、「伸びしろ」はあくまで可能性のまま。

「何が間違っていたのか、単なる計算ミスなのか、そもそもこの単元を理解していなかったのか、理解していなかったのなら復習しなければ」という次のアクションを起こさなければ、「ズレ」は一生「ズレ」のままで、永遠に成長はしていかないのです。

そういう意味では、テストはただ高い点数を取ればいい、というものでもないことがわかります。テストは目標の自分と今の自分の「ズレ」を認識するための、これ以上ないツールなのです。

「悪かったところを指摘して」と周囲に頼もう

「ズレ（クレーム）」とは、自分がレベルアップするための材料である。

それに気づいてからの僕は、「ズレ」を最大限活用するようになりました。

テレビやラジオでの出演後、たくさんの意見をいただきます。

「あの表現は秀逸でしたね」

「あの視点はありませんでした、勉強になりました」などと言われることもあります。

もちろんお褒めの言葉は嬉しいですが、そうした賞賛は「ありがとうございます」で終わりです。そこから一歩も成長しない。自己満足で終わってしまいます。

だからスタッフや周囲の人には、「むしろ気づいたところ、良くなかったところを言ってくださいね」といつもお願いをしています。

おかげで結構きつい声も飛んできます。

「橋下さんの、あの視点は良かったけれど、論点がちょっとブレてしまいましたね」

「あの話題に関しては、ちょっと引っ張りすぎましたね」

「あの表現は、ちょっとまずかったかもしれません」

中でも一番辛辣《しんらつ》なコメントは家族からです。彼ら彼女らとて、常に僕の対外的な言動に付き合っていては身が持たないので、日頃はあまりチェックしていないようですが、さすがにテレビでコメントした発言がSNSで炎上している際などは、気になって恐る恐る「見てみようか」とチェックしてみるらしい。そんな日の評価は酷評ばかりです。「人の名前を間違えるなんて失礼極まりない」あたりは至極もっともですが、「表情が悪い」とか、「態度がふてぶてしい」「のけぞって座っている姿がエラソーだ」とか散々です（笑）。

これらもすべてありがたく拝聴します。自分であえてそうしている（言っている）ことならいいですが、本当に僕が気づいていない癖や、誰かを傷つけてしまうような表現もあります。

僕は、メディアに顔を出す公人や準公人から個人攻撃を受けた場合には100倍返しで打ち返しますが、こちらから一方的に他人を中傷するようなことは厳に慎むべきだと思っています。

それでも、そのような自分の意識と実際の態度、振る舞いにズレが生じていることもあるでしょう。その「ズレ」を的確に指摘してくれる周囲の意見は、毎回ありがたく頂戴《ちょうだい》することにしています。

「クレーム・助言」をすべて聞き入れる必要はない

ただ、そうした周囲からの意見を、すべて取り入れる必要はないことも、付け加えておきます。「持論」の大切さについては、後の章でまた語りますが、「個」として活動するには、自分が鍛え上げたオリジナルの「持論」こそが最大の武器となります。

政治や文化、国際関係についてなど、多くのジャンルにわたってコメントをしている僕ですが、どれもポッと思い付きで話しているものなど一つもありません。自分で言うのもなんですが、相当の勉強はしてきているし、しっかり自分の頭で考えた上で発言しているものばかり。だから、特にネット上でいろいろツッコんでくる〝反論〟〝意見〟は、「それはもう重々承知の上だよ」と言いたくなるものがほとんどです。

自分が培《つちか》った「持論」に固執するわけではありません。僕だって絶対に正しいわけではなく、間違いだって予測間違いだってしてします。そういう時は「ごめんなさい」と素直に謝るようにしています。

ただ、周囲にあれこれ言われたら、あっさり「持論」も取り下げて右往左往する……

くらいなら、最初から「持論」なんて言わない方がマシ、コメンテーターなどしないほうがいいと思っています。

だから、周囲からの意見や助言には常に耳を傾けます。すべての意見はありがたく頂戴したうえで、しかし「最終的に意見を取り入れるかどうかは僕自身が判断します」と、明言しています。また、そうしたほうが意見する方も気が楽ではないでしょうか。自分が一言言ったら、相手の言動がことごとく覆《くつがえ》るなんて、僕だったら怖くて意見など言えなくなってしまいますから。

話が少々ズレましたが、「クレーム（ズレ）」「多様性」とはそういうものです。Aが思うことと、Bが思うことは違って当然。そこには当然、「ズレ」も生じるし、意見の対立も起きるでしょう。

でも大切なのは、その「ズレ」を認識したうえで、自分がどういう行動をとるかです。「ズレ」の存在に気づきたくないために、誰かが忠告やコメントしてくれたことを全力で否定したり、逆ギレしたりは絶対にしてはならないこと。ましてや対立する意見の持ち主の人格を全否定するなど言語道断です。むしろ「ズレ」こそが、自身が成長するための最大のカギであることを知っておいてもらいたいのです。

まあ、僕は自分の人格を否定してきた相手に対しては、とことん相手の人格を否定する態度、振る舞いをとってきており、この点も大人げないと批判されるところなんですけどね。

僕がどれだけ批判を受けても平気なワケ

とはいえ、「ズレ」を指摘され続けると、メンタル的に参ってしまう、なんて人もいるかもしれません。ただし、それには凹まないための「考え方」があります。

僕はよく、人からこんなことを言われます。

「よく、そこまでバッシングされて心が折れませんね」と（笑）。

たしかに周囲から見れば、四面楚歌《しめんそか》状態に陥っているように見える状況もよくあります。ネットでボロカス言われたり、トーク番組でもまるで喧嘩のように議論したりしている姿からも、そう心配されるようですが、本当に強がりではなく、傷つくことはありません。

先ほど述べたように、自分の中で膨大な勉強を重ねた上での「持論」を繰り出す以上、アンチや反論はいくらだって生じることは織り込み済みだからです。

むしろ「バッシング」や「アンチ」に攻撃されることが嫌ならば、「持論」など生涯披瀝《ひれき》しない方が、精神的に安心だと思います。SNSやネット空間で罵詈雑言《ばりぞうごん》を受けるたびに、心に傷を受け、オロオロとするくらいなら、最初から「持論」など言わぬが花。

そこを「持論」を言う以上は、何を書き込まれても傷つかない鉄の精神か、あるいは驚異の鈍感さを身に付ける、あるいは一切エゴサーチをしない態度を貫くに限ります。先ほど「クレーム」や「フィードバック」の大切さも語りましたが、それはあくまで実名での反論や注文に限ります。

匿名のどこの誰かも分からないような他人からのバッシングなど、一切気にする必要はありませんし、「議論」にもならない一方的な罵詈雑言や嘲笑もまた、まともに受け止めてはいけません。もはや相手は自分と建設的な議論をしたいのではなく、ただひたすらに貶《おとし》め、自分が優位にあることを確認したいだけなのですから。

あなたが「持論」を発する背景には、誰かのため、社会のため、日本のためという自分なりの想いがあるはずです。僕もそうです。自分の愛する人たちのため、次世代の子どもたちのために、少しでも良い大阪や日本になって欲しい。だからこそ、「持論」を展開しているわけで、その核となる想いが強ければ、どんなことを言われても平気になれるものです。

また、公に人格攻撃をしてきた者に対する全力の反撃は、暇つぶしとして楽しむようなもので、決して心を乱してやるようなものではありません。

どんなに批判されても、命までは取られない

もう一つ、僕が「あれほどバッシングを受けても心が折れない」理由があります。それは、「どんなにバッシングを受けようと、命までは取られない」と思っているからです。「どんなに批判されようと、人間関係がグチャグチャになろうとも、宇宙から見れば大した話ではない。地球誕生以降の長い歴史から見れば、僕が今抱えている悩みなどは砂粒以下の問題だ」。心底そう思いながら、生きてきました。

これは最初に人間関係で摩擦を生じた小学校6年生の頃から続く信念のようなものかもしれません。どれほどクラスの中で揉めようと、学校で嫌なことがあろうとも、宇宙から見れば、大したことではない問題です。本当に嫌なら、このクラスから離れればいい、学校から去ればいい。

そもそも、今いるクラスメートたちは、新年度になりクラス替えをすれば「さようなら」です。進学、就職ともなれば、「じゃあね」と別れ、生涯再び相まみえることすらないかもしれない関係性なのです。どんなに嫌な人でも、あるいはどんなに素晴らしい人とでも、人間関係は、集団は、組織はいつか「さようなら」が訪れる運命にある。

今の状況がいつまでも続くわけではありません。そんなものに捉われ、悩み、鬱々《うつうつ》とするなど、無駄というものです。

心理的安全性とは「皆がズレを恐れず、ツッコめる組織」

近年、日本企業による、不祥事や度重なるシステム障害、事故の隠蔽が繰り返されています。政治家の事実上の更迭《こうてつ》も後を絶ちません。

なぜこのような不祥事が起きるのか。それは、世間一般の考え方と、組織（人）との常識の間に、乖離（ズレ）が起きているからです。

自分たちの組織内で〝正しい〟と思われていることと、世の中の人々が「正しい」と感じていることが大きくかけ離れている。だから不祥事が発覚するたびに、世間の人は「え、そんな大事なことを黙っていたの？」と愕然《がくぜん》とし、内部の人は「まさかこんなにバッシングされるとは……」と驚くわけです。

不祥事を起こした組織が、事件の発覚後、決まって口にするのは、こんな台詞です。

「言うべきことが言えない組織体質になっていた」

つまり、何か問題が起きた時、組織の内部から「その対応は間違っている」「組織の体面を最優先するのはおかしい」「トップの判断は間違っている」といった指摘ができる風土がなかった。あるいは、部下や同僚が異を唱えられるような雰囲気《ふんいき》ではなかった、ということです。これはいわゆる「心理的安全性」が担保されていない組織というものです。

要するに、「心理的安全性」とは、「誰もが感じたズレについて、恐れずにツッコめる環境が守られていること」です。仮に指摘する相手が上司であっても、間違っていることは「間違っている」と指摘する。そして、そのことによって処罰されたり不利益を被《こうむ》ったりしない環境が用意されていることです。

この「心理的安全性」が高い組織は、高パフォーマンスを発揮することが、最新の研究によって明らかになっています。反対に「心理的安全性」が低いと、ヒューマンエラーも多く、結果的に大規模な不祥事事件にもつながりやすい。「これが続くと、重大な事故になってしまいますよ」「この事故を隠蔽していると、いずれ明るみに出て大不祥事になりますよ」というごく当たり前のことすら、内部から提言できない空気感が醸成されてしまっているのです。

あなたの組織に「多様性」はあるか

この「心理的安全性」が担保されているということは、すなわち「多様性」が存在しているとも言えるでしょう。Aの意見と、Bの意見、Cの意見が、同時に併存しており、抑圧されることのない組織が「多様性」のある組織です。リーダーが発言したら、他のメンバー全員が黙ってしまう組織では、「多様性」はありません。

そもそも人は誰もが、固有の意見・価値観・考え方を持っており、それらを掛け合わせる(コラボする)ことで、より高度な次元のアイデアやサービス・製品が生まれていきます。

しかし、従来の日本型組織は、その「個」としての意見や価値観、多様性をことごとく抑え込んできたのではないでしょうか。公立学校では留年も飛び級もなく、様々な学力や特性があっても「みんな一緒」が「公平」と信じ込み、年功序列の企業組織では、上司と部下の関係性は絶対です。自由な意見や言動は、「空気を読まない」として排除されてしまいます。

もっとも、昭和の時代までは、それでも良かったのかもしれません。年々右肩上がりで経済が成長し、給与やボーナスが上がり、世界中で日本製品がもてはやされた時代には、皆で一致団結して、同じ目標に向かってまい進することこそが善でした。誰もが必要としている必需品をいかに効率よく大量生産するか。その世界観の中では、はっきり言って「個」の意見・価値観・考え方など取るに足らないことで、ゴチャゴチャ余計なことは言わないのがお約束。

しかし、時代は変わりました。人々の嗜好《しこう》がこれほど多様化する時代には、たった１つの「正解」はありません。誰もが必要としている必需品は巷《ちまた》に溢《あふ》れ、それ以上に、個の嗜好性を追求することで新たな市場が創造される時代です。

そんな世界で、「個人」が自分の意見を言えない組織など、ほとんど存在価値はありません。そんな組織ではもちろんイノベーションも生まれず、若い世代も、そんな職場で働きたいとは思わないでしょう。

かつて国内だけで１億２０００万人という巨大市場を持っていた日本も、今後は少子高齢化でどんどんシュリンクしていきます。多様な個の嗜好性を追求した新しい市場をどんどん創造する必要があります。労働力としても、外国人や女性、高齢者など多様な人材に活躍してもらわなくては、人材不足を乗り越えられない時代です。

多様性のある組織を目指すためには、誰もが言いたいことを言える心理的安全性が担保されることが必要不可欠なのです。

新たな市場をつくるにも「ズレ」を見抜くところから

先ほど話したように、僕は弁護士として独立するのに、当時の弁護士の常識と、市場の期待感との「ズレ」を利用しましたが、僕より後にさらに大きな「ズレ」を見つけて成功した事例を目の当たりにしました。僕が弁護士として仕事を始めた頃は、まだ弁護士の数も少なく、テレビCMも打てないような時代でしたが、その少し後に、ファーストペンギンとして業界のタブーに飛び込んだ法律事務所が出てきたのです。いわゆる消費者金融の借金整理を専門にする法律事務所です。

僕自身の意見は、消費者金融に手を出して過剰な借金を負ってしまった人々の相談やその借金整理は、本来は役所が無料で行うべきだと思っています。また「借金整理＝債務整理の仕事は、法律事務所職員だけでもできるので、弁護士本来の仕事ではない」という弁護士もたくさんいます。

しかし、大切なのはこれら弁護士の常識と、世の中のニーズのズレを的確に摑めるか否かです。借金を抱えて困っている人々は、弁護士が想像するよりもはるかに多く存在していました。テレビＣＭを通じて大量宣伝し、弁護士へ相談するというハードルを低くした法律事務所は、さらに初回相談料無料、借金整理が完了するまで弁護士費用は無料という業界の常識を覆したサービスを展開しました。弁護士業界は仰天《ぎょうてん》しましたが、これまで一人で悩みを抱えてきた人が気軽に相談することができるようになりますし、土日や夜まで相談を受け付けるサービスに発展し、仕事を持つ人はますます相談しやすくなりました。

「弁護士＝高額」という自他ともに認めてきたプライドや、弁護士業界の「見えない掟」をあえて無視し、借金に困っている人を最重要顧客としたその新しい発想は見事でした。弁護士業界の中ではこのやり方に対して批判する声が大きいことは十分に分かっていたのでしょうが、「ここに弁護士業界と世間の間のズレがある」と見抜いた上での決断だったのでしょう。「ズレ」を鮮やかにビジネス化した一例だと思っています。

第2章

人間関係は「ドライとウェット」のバランスで考える

「ドライな論理性」と「ウェットな人間関係」を使い分けよ

前章では「ズレ」を認識することの重要性を述べました。そしてこの「ズレ」を基にして、持論を形成することが「自分の軸」につながっていきます。

その前に、僕の人間関係の要諦とも言える「ドライとウェット」のバランスのお話をしたいと思います。実はこれも、人生の中で経験した大きな「ズレ」が契機となっています。

僕にとっての人生最大の「ズレ」体験。それは何といっても政治の世界に飛び込んだことです。弁護士としての生態系と、政治家のそれは、もう天と地ほどの違いがあります。それは薄々察してはいたものの、いざ政治の世界に飛び込んでみて、その落差、ズレに、人生観がぐるりと180度回転するくらいの衝撃を受けました。

弁護士の世界は、基本的にドライな論理性で進んでいきます。AならばB、BならばCと論理を組み立て、相手に理詰めで迫っていく。そこに泣き落としや、濃密な人間関係による影響というのは入り込みません。弁護士と裁判官が昔からの友人の場合には、期待通りの判決がくだされる……などということは、絶対にあってはならないことですし、現実にもありません。

ところが政治の世界というのは、ウェットもウェット、超絶ウェットな世界なのです。これも表現が難しいところではありますが、政治家にとって人間関係の貸し借りはすべての基本。何かでお世話になった、何かをしてもらった、何かで援助してもらった、そういう〝借り〟があれば、別の機会で必ず返すのが人としての道義。

だから、彼ら彼女らは仁義を大切にする一方、自分の利益にならなければサッと引いていく。このような政治ドラマばりの裏切りや感情的な爆発もある、そんな政治小説を地でいくリアルな政治世界は、弁護士の世界とはまったく別なものでした。

ただ、それは決して悪いことではなく、基本的に政治とはそういうものなのです。多くの人から寄せられる嘆願、悲喜こもごもの要望を束ね、弱きを助け、最大公約数の幸せを実現するためには、人の感情を理解しない機械のような政治家よりも、多くの人から頼られ、約束を守っていく人の方が、信任を得ていくのは確かです。

その意味では、日本維新の会をともにつくった前大阪市長の松井一郎さんなどは、まさにウェットな人間関係を築く天才です。今でもよく覚えている光景があります。いつの時だったたか、松井さんと日本維新の会のメンバー50人くらいで鶏鍋を食べに行ったのですが、気づけば開始10分ほどで僕は一人で鍋をつついており、松井さんの周囲には何十人と集まって笑い声が溢れる談笑になっていました。その中に要望や相談事が入り混じっているのかもしれません。あるお酒の場では松井さんを慕う者が議論に感極まって泣いていました。

自民党の二階俊博氏や、麻生太郎氏なども同じように周囲の人の心を掌握し、彼らを率いる天性の素質があるのでしょう。政治の表舞台で活躍する政治家とは、まさにウェットな人間関係の手練《てだ》れなのです。

ただし、そうしたウェットな人間関係だけが重要かと言えば、そうではありません。ドライな論理性を完全に無視して政治をしてしまうと、これまた誤った方向に行ってしまいます。多方面から寄せられる要望すべてに応えることはできず、最終的な決定はドライな論理性で決めることも必要で、そのバランスが重要なのです。

ちょうど僕が大阪府知事だった頃、二階さんは経済産業大臣を務められていました。僕も知事という立場で、大阪府の要望事項をもって二階大臣のところに赴くこともありました。

「大阪で○○プロジェクトをやりたいので、経産省のほうで補助金をつけてくれませんか」「大阪で特例を認めてくれませんか」という類の要望ですが、このような要望は全国から集まっており、二階さんは、それらすべてに応えるわけにはいきません。やはり論理性をもってドライに無理なものは無理と言わざるを得ない。

このようなときに彼ら彼女らが見事なのは、決して「できないよ」の一言でつれなく追い返しはしないことです。できない理由をきちんと説明し、こちらをドアのところまで見送りがてら、ふとドアを閉める前に、できる限りのことはやりましたということを示して〝お土産〟を持たせてくれるのです。つまり〝お土産〟とは、要望のほんの一部を認めたり、要望の本筋とは異なるところでちょっとした予算を付けたりするというものです。

僕も立場上、〝手ぶら〟で帰ることは非常に心苦しい。その立場を汲《く》んでくれた上での配慮です。これは効きますよね。ああ、人間関係の貸し借りとは、こういうものなのかと、感心してしまいました。

こんなことを書くと、「やはり日本の政治はズブズブだ」と批判されるかもしれませんが、おそらく欧米の政治だって、こうしたウェットな部分は大いにあると思います。

論理性で武装しながらも、結局、人間は感情的な生き物です。理性だけでは人は動かせないし、動かない。大衆の心に訴えるエモーショナルな演説が、世論を大きく動かした事例などは、古今東西、枚挙《まいきょ》にいとまがありません。アメリカで盛んなロビー活動も、人間のそうした感情の機微に訴え、政治活動につなげているわけです。

ドライ人間の僕が、なぜウェットな政治の世界でリーダーとなれたか

一方、僕は政治の世界に入る前は、弁護士として「超ドライ」な世界で生きてきました。

弁護士として一番大切なのは結果であり、その結果に至る道で必要なのはドライな論理性です。法律というルールに則り物事を判断し、冷静な判断で仕事を進めていく。依頼してくださる方も、そんな僕のドライな仕事の進め方を評価してくださってきたと思っています。

そんな僕が、政治の世界で学んだこと、それは「ドライ×ウェット」のハイブリッド式の仕事の進め方でした。

正直なところ、僕は本来がウェット人間ではありません。それどころか僕は自分自身が超高性能の遠心分離機だと自覚しています。要するに人心を離していくのが得意

（笑）。学校時代もワイワイと大勢で盛り上がるタイプではなく、少数の大切な友人さえいれば何の不自由もないというタイプでした。

　今でも笑い話なのは、僕が「政治家を目指す」と宣言し、選挙運動事務所を立ち上げた時、最初に集まってくれた友人はたった４人だったことです。おそらく政治家を目指すという人は、学生時代から人を集める資質に優れている人が多いのではないでしょうか。一声かければ、１００人、２００人すぐ集まる。そういう人が活動を広げていくのが、日本式の選挙運動です。

　それが僕の場合、たったの４人でスタートです。思わず自分自身で笑ってしまいましたが、仕方ありません。僕自身、信念をもって選挙活動を始めようと決意したからには、自分の弱みは戦略的にカバーし、強みの部分で勝負していくしかありません。

　僕の強みとは、ドライな仕事術と論理性、そしてすでにテレビでコメンテーターとして活動していたことによる知名度です。では、僕の弱みであるウェットな部分はどうするか。一朝一夕にして、人は社交的にはなれません。

　最終的には、自民党、公明党という政党の力を借り、加えて高校時代のラグビー部の仲間たちが集まってくれて、選挙運動体が出来上がっていきましたが、知事当選後の政治活動においてもウェットな人間関係は必要になります。

そこは人望豊かな松井さんが一手に引き受けてくれました。ドライとウェットの両輪を、役割分担で進めていったのです。

僕はコメンテーターとしての知名度と弁護士としての弁論術を生かして、日本維新の会の看板役になる。僕の強みであるドライな仕事術も、実際の府政や市政を司るために役人たちをマネジメントするという意味では、大いに活用できたと思っています。

政治家は超ウェットな人間関係が重要だと言いましたが、役所で働く役人たちは、基本的にドライな姿勢で日々の業務を遂行しています。政治家から「まあまあ、一つよろしく頼むよ」とウェットにこられても、法制度や理論を重視する役人としては簡単には乗れません。役人を動かしていくにはドライな論理性が重要なのです。僕は政治行政の世界において、適材適所、ドライとウェットな部分を組み合わせて仕事をしていくハイブリッドな仕事術を学びました。

安倍元首相が長期政権を実現できた理由

政治の「ウェット」な世界と、弁護士の「ドライ」な世界のズレから学んだ「ドライ

×ウェット」のハイブリッド式の仕事の進め方は、「組織マネジメント」にも活きると思います。

どんな組織でも、20～30代の頃はドライに現場の技術的スキルを磨けばよかったのに、40～50代になると縦割り組織のウェットな派閥争いなどに絡《から》めとられていく現象が起きます。若い頃は「派閥争いなんてくだらない」と思っていても、それを無視できない時期がやがてやってくるのです。

その時に「自分はあくまでドライな現場仕事の部分で勝負するよ」という路線をあえて選ぶ人もいるでしょう。出世なんていいから、現場仕事をしたいんだと。一方で、「僕はドライな仕事をやるので、ウェットな人間関係のところはお願いしますね」と他の人と役割を分担する方法もあると思います。

その方式で組織マネジメントにおける大成功を収めたのが、安倍晋三元首相だと僕は思っています。

安倍さんが自民党、もしくは日本国の道しるべとして大きな看板を背負い、ドライな官僚仕事を菅義偉《すがよしひで》官房長官（当時）が束ねる、そして政治グループや政党を束ねる役、つまりウェットな人間関係を率いていくのが麻生太郎氏や、二階俊博氏です。

あれほど見事な「ドライ」&「ウェット」の役割分担を行った布陣というのも珍しく、だからこそ安倍政権は憲政史上最長と呼ばれる長期政権を実現することができたと思っています。そんな安倍元首相でも、52歳で首相に就任した第一次政権の時にうまくいかなかったのは、このバランスがうまく構築できなかったからです。

あるいは小泉政権も、看板役と人々の感情に訴えるウェットな部分を小泉純一郎氏が担い、ドライな部分を竹中平蔵経済財政政策担当大臣（当時）が受け持ちました。まさに「ドライ」×「ウェット」のバランスが見事です。

このようなバランスを欠いてしまうと、途端に組織はスムーズに運営されなくなってしまいます。菅氏は、第二次安倍政権の官房長官として、見事に官僚を束ねていましたが、自らが首相になった際には、官僚を束ねる役割をうまくこなしてくれる人を見つけることができませんでした。加えてウェットな部分で政治家を束ねる役を任せられる人材もおらず、結局ドライもウェットも全部自分でこなさなくてはならなくなったのが、菅政権のウィークポイントになったことは否めません。

世間から求められるものと、自分の資質との間に乖離（ズレ）があるならば、何かでそれを補わなくてはならず、その「ズレ」を自ら補うのか、それとも、ズレを埋め合わせてくれる人間とパートナーを組むのか、そうした戦略的視点がリーダーには欠かせません。

「ドライな論理性」でこそ、改革は断行できる

僕は自分がウェットな部分が得意ではないことを知っていたからこそ、あえてそこを頑張るより、それが得意な人にお願いして任せてきました。そうするほうが自分の精神衛生上良かったし、僕が慣れないことに必死になるよりも、自分にとっても周囲にとっても良かったと思っています。

ですから僕は政治家時代、ウェットな場面にあえて参加することはしませんでした。役所の職員や記者たちと飲みに行くことはありません。政治グループの仲間と飲みに行くというのも滅多にありませんでした。

記者と政治家の関係は、時に移動する際の車に番記者を乗せるなどして互いの距離を縮めます。政策の説明をより詳しくしたり、よもやま話をしたりして、関係性を構築すれば、記者サイドとしてはいち早く情報を入手することができますし、政治家サイドも情報の入手とともに、いざという時、記者からの追及の手を多少弱められるのではない

かという期待も持てます。政治家が仮に失策をしてしまっても、そこに至る道で試行錯誤し努力してきた過程を見ていれば、記者とて追及の手綱を多少緩めたくなるのが人情というものです。

その点、そういった付き合いを一切しなかった僕は、マスコミからの追及も非常に厳しかった。個人的な電話番号も明かさないし、自宅前に取材に来ても、その場では一切喋りません。「役所の記者会見でしか喋らない」とけんもほろろにされれば、記者がむかっ腹がたつのも、それもまた人の情というもの。

ただし、そうした付き合いを一切しなかったのは、僕がウェットな人間関係が不得意だったという理由だけではありません。ここについては、僕なりに信念があってのことでした。

僕が政治で成し遂げたかったのは、ドライの論理をもっての行政改革でした。過去の慣習や人間関係にとらわれず、とことん根底から改革をやろうという以上は、利害関係者と酒を酌《く》み交わしウェットに仲良くすることはむしろ弊害になります。

僕が大阪府知事に就任した際、実は大阪府の財政が火の車であることが明らかになりました。本来、大阪府という地方自治体が借りた借金を返済するための減債基金から、なんと毎年約５００億円ずつ取り崩し、予算の赤字分に充てていたことが発覚したのです。減債基金から取り崩した総額は、なんと約５２００億円にも上っていました。

その事実を朝日新聞がスクープしたのは、僕が大阪府知事に立候補する前日でした。「府知事になったら、これもやりたい、あれもやりたい」と思い描いていたビジョンが一気に白紙に戻り、府知事としての最初の仕事が、膨大な借金返済になってしまったのです。

しかもその事実は、役所の中でもごく一部の人間しか知らされていなかったことで、多くの職員にとっても青天の霹靂《へきれき》の出来事でした。

さあ、こんな局面で「ウェット」な仕事術を押し出したらどうなるか。そもそもここまで火の車になったのは「いずれ何とかなるだろう」となあなあで財政改革、行政改革を先送りしてきてしまったことが諸悪の根源です。

いずれの部署も「予算が欲しい」「これをしたい」と要望を持ってきますが、「まずは借金を返済するのが先」と僕は大号令をかけ、前任の知事が決定していた予算を凍結して、暫定予算を組みました。予算を凍結すれば、予算をあてにしていた各方面から非難ごうごうでしたが、まずはこの危機的状況を共有するところから始めなくてはなりません。そこはドライな論理性で、とことん数字の計算を積み上げ、地道な説明と、大胆な改革を断行しなくてはなりませんでした。

極力「ウェット」な場は避け、利害関係者から直接に要望・陳情を受けることを避けました。記者とは飲み屋ではもちろん、自宅前の取材も断りました。僕からの直接の号令ではなく、メディアや一部の〝お気に入り〟（と思われる人）経由で、僕の方針が伝わってしまったら、利害関係者の不信感はもっと広がってしまいます。

その代わりに、役所の会議室ではそれこそ何十、何百時間と議論しつくしました。僕が記者からの質問に応じるのも正式な記者会見のみ。すべてのメディアを公平に扱いました。

このような進め方で決定した事柄は、ありがたいことに役所がほぼ全部実現してくれました。役所はドライな論理性に信頼を寄せるのです。その意味では、信頼関係とはウェットな部分だけでなく、ドライな部分でも成り立ちます。すなわち、相手方はどちらを重視しているのかを見極めて、ドライとウェットを使い分けることが重要なのです。

「ウェットな世論」に流されるな

ドライな論理性と、ウェットな人間関係といえば、今でも思い出すのが、ダム建設中止の案件です。僕が大阪府知事だった時代、大阪府下の槇尾川ダムの建設中止を実現しました。

経緯を説明すると、大津川に注ぎ込む支流である槇尾川にダムを建設するという話は、すでに２００９年に決定されており、施工業者も決まっていました。しかしそれを僕は白紙に戻し、ダム以外の治水手法を検討するために、10年2月に工事を中断させたのです。

時はちょうど民主党政権時代。「コンクリートから人へ」というスローガンのもと、全国のダム建設が中止に向かっていた折でした。槇尾川ダム以外にも、熊本県の川辺川ダムや、群馬県の八ッ場《やんば》ダムも中止になりました（八ッ場ダムはその後、工事再開し、２０２０年3月に完成。川辺川ダムも再開の方針）。

ただ、僕としても何も民主党政権の時流に乗ったわけでもなければ、「カエルを守ろう！」という自然環境保護的観点からの中止決定でもありませんでした。ダムというのは、人々の生活に直結する存在なので、本当にダムをつくることが周辺住民のためになるのかどうか、もう一度ゼロベースで確認したかったのです。

もちろん批判が殺到しました。現場の地域住民からも声が上がったし、僕が府知事になるずっと以前からダム建設計画を進めてきた大阪府の担当職員たちにしてみれば、ある日いきなり知事の座に就いた人間から、突如「建設中止！」の大号令がかかったのです。納得いかないのも理解はできます。賛成派と反対派が、ほとんど大喧嘩のようにして侃々諤々の議論が始まりました。

ただ、僕も闇雲にダム建設中止を言い出したわけではありません。役所の河川室のプロフェッショナルな役人たちは、大学や大学院でダム建設の専門知識を積んできており、彼ら彼女らを相手に議論するために僕も必死になってダム関連の書籍を読みあさり、専門家から知識を吸収していきました。

当時の僕が一番気になったのは、「想定外の事態」です。ダムというのは、上流で降った雨水が下流に勢いよく流れ込むことを防ぐための、河川をせき止める施設です。

しかし、「ダムの下流に想定外の集中豪雨が降ったらどうなるのか」と、僕は疑問を抱きました。「上流に降った水はせき止められても、下流に閾値《いきち》を超えた雨量が降ったらどうなるのか」。僕は専門家に尋ねて回りました。

でも、誰もが「それはまずないですよ」と一蹴するのです。「なぜ、あり得ないのか」と問うと、「過去にそんなことは一度もなかったから」だという。

そのうちに、ダムの専門家たちは、過去の雨の降り方のデータをもとに話しているのだと気づきました。「過去にこの地域には最大何ミリの雨が降った」という「蓋然性《がいぜんせい》」に基づき、ダム建設を計画している。つまり、そのデータを超える最大の集中豪雨が降った場合はどうなるのか。そこは誰も答えてくれませんでしたし、「あり得ない」の一言で終わりです。

しかし、昨今の災害は、「未曾有《みぞう》の」「想定外の」「予想を上回る」「過去に前例がない」と、冠がつくものが頻発しています。つまり「蓋然性」は役に立たないとは言わないけれど、１００％信用に足る情報ではないわけです。ダムの下流に集中豪雨が降り河川が氾濫することはあり得るし、そのダム自体、想定外の雨量が降れば緊急放流せざるを得なくなります。実際に、２０１８年の西日本豪雨災害では、ダムが満水に近づいて水をためることができなくなり、緊急放流をし、かえって周辺への水害は拡大しました。

ダム建設は「絶対安全」を生み出せるわけではない。むしろ被害を拡大させる恐れすらある。

このことが分かった以上、やはり「一度決まったことだから」と、ダム建設を続行させることはできません。

ただし、ダム建設中止は、その建設決定よりも、その後どうするかが問われる難しい問題を孕《はら》みます。ダムをつくらないのならば、代替案を示さなくてはいけません。

今後、豪雨が降ったらどうするのか。川が増水し、周辺の住民たちの命に危険が及ぶことだけは絶対に避けなくてはなりません。実際、いったんダム建設を中止した川辺川は、その後の豪雨で川が決壊し、大災害を起こしました。時の政権スローガンや、「自然を守れ！」というウェットな世論に歩みを合わせた結果、ドライな現実案が置き去りにされてしまった非常に残念な事例といえるでしょう。

人を動かすのは「感情」と「理性」

専門家たちや府庁の担当職員たちとドライな論理を基に徹底的に議論した結果、槇尾川ダム建設中止の代わりに僕が提案したのは、川幅を広げ、真に水害に強い街へつくり替えることでした。川幅自体を広げて、どこで雨が降ろうともできる限り雨水が流れていくような街にする方が、一部上流をせき止めるダムよりも安全性は増します。

しかし、言うは易し、行うは難《かた》し。川幅を広げるとなれば、当然、川のすぐ近くに住んでいる住民たちには、川よりもっと下がった土地に住まいを移してもらわなくてはなりません。一戸一戸訪問して、合意を取るための府庁の担当職員の膨大な作業と苦労を思えば、素直にダムを建設したほうがいいという意見もありました。

しかし、ここで苦労を厭《いと》わず、真に水害に強い街づくりができれば、槇尾川周辺は将来にわたって、安全安心を保てる街に生まれ変わるのです。

僕がいくら持説を唱えても、独裁国家でない以上、最後は住民との合意は不可欠です。この先何年かかるか分からない気の遠くなるような作業を実際に担当する職員にしても、「橋下が言うから」では納得はしてくれません。何十時間、何百時間とドライな論理を基に議論を尽くし、ダム賛成派、反対派の意見、加えてあらゆる専門家からの知見を出してもらい、ダム案とダムを中止して川幅を広げる案のそれぞれのメリットとデメリットを皆で共有しました。そして約1年の議論の結果、最終判断は、大阪府の長である僕が下しました。

槇尾川ダム建設は中止。川幅を拡幅《かくふく》する河川改修への転換です。ダム上流部にのみ豪雨が降る蓋然性を絶対視せず、中流・下流、どこに「想定外の豪雨」が降ろうとも、より水害に耐えられる街をつくろうと決定したのです。

あれから9年後、とっくに政治家を引退していた僕は、地元の維新議員に誘われて槇尾川周辺の視察に行きました。僕の決定を引き継ぎ、着実に計画を実現に移してくれた役所の職員や関係者に心からの感謝の意を表しながら、街を練り歩いた僕は目を見張りました。自分自身が夢見た光景だったとはいえ、川の増水におびえていた街は見事に生まれ変わっていたのです。

完成まで7年を費やしましたが、当時は「何年かかるか分からない」と言われていた計画です。それを、見事にやり遂げてくれた府庁の担当チームの組織力に、改めて敬意を表しました。当時、メディアに踊ったのは「ダム建設中止」を決定した僕の名前だったかもしれませんが、その後、実際にその目標を達成し、夢を現実のものとしてくれたのは、決して表に名前の出ることのない、府庁担当職員の力です。

その日はまた、当時、僕と大激論を交わしていた地元住民の人々も集まってくれました。

「ダムが中止になって、今となっては本当に良かったと思います。もしあそこに巨大なコンクリートダムの壁ができて、そこに満々と水が溜まっていくことを考えたら恐ろしくて」

その言葉を聞いて、僕がどれほど嬉しかったことか。

しかし、話には続きがありました。

「ただね、橋下さん」と、その男性は言葉を続けました。

「あの時の橋下さんの言い方は、本当に気に食わなかった」と（笑）。

「今でこそ、橋下さんの当時の言い分は十分に理解できる。論理的な決断だったのだろう。でもいくら論理的に正しくても、あんな言い方をされたら、こっちもやり返すしかないじゃないの……」と。

本当に、当時の僕はどんな言い方をしたのでしょうね……（笑）。かなり、きつく激しい言い方をしていたんだと思います。まだ若く、「正しいことをしている」という持論に突き動かされてもいたのでしょう。そこは反省しきりです。

当時何回も開かれた住民説明会には、僕はすべて参加していました。人命を左右する大切な決定です。役所任せにすべきではないと、自分の言葉で説明にあたっていました。でも、それがあまりに「ドライな論理性」だけになってしまっていたきらいがあるかもしれません。

ダム建設か否かという判断には「ドライな視点」が欠かせません。役所の河川室のスーパーエース級の人々に向かって、ウェットに「まあ、ここは一つ頼むよ」と言っても効果はゼロどころかマイナスです。あくまでもデータと論理に基づく議論が必要です。

しかし、住民の皆さんに対しては別です。ゴリゴリに冷徹な論理性だけでなく、もうすこし「ウェットな感情部分」に配慮すべきだったと思います。

「なぜダムを中止すべきなのか」「なぜ多くの住民に負担をかけてでも、街をつくり替える必要があるのか」、その根拠と未来像は理詰めで説明しても、住民の方々の不安や不満の声をしっかり受け止め、もっと優しい言葉で寄り添っていく。そして最後は「お願いします」「一緒に街をつくり替えていきましょう」と励まし、勇気づけていく。

それができていれば、もっとスムーズにダム中止＋川幅拡張案が決定、実行できたと思います。「ドライな論理性」が僕の得意とするところではありますが、時と場合によっては「ウェットな人間関係」にも配慮すべきであるということを、僕はこの時に学んだのです。

ビジネスの世界でも「ドライ×ウェット」は役に立つ

本章でお話ししてきた「ドライ×ウェット」の使い分けの話は、読者の多くが関心を寄せている「ビジネスの世界」にも共通する部分が多いと感じます。

ビジネスの世界も、政治の世界ほどウェットではないとはいえ、弁護士の世界ほどドライなわけでもなく、ウェットな関係が必要になる場面も多いでしょう。

その微妙な「匙加減」を前に、悩んでいる人には、本章で述べてきた視点で目の前の課題を整理してみると、うまく進むことも多いのではないかと思います。

例えば、利益を出すために、ゴリゴリにドライな論理性で攻めていかなくてはならない。そんな時でも、ドライな論理性だけに頼るのではなく、ウェットな人間関係に気を配る。役職が上がれば、組織内部の派閥とも無縁ではいられません。誰が誰と親しくて、誰が誰に恩があるかなど、社内のウェットな人間関係も把握して動く。

もし僕と同じように、「自分自身はドライな人間で、ウェットな人間関係の構築は苦手だ」という人がいれば、そのウェットな部分を補える誰かとタッグを組んだり、チームの体制を整えたりするのがよいと思います。それは、天才的な営業トークで市場を開拓していくセールスマンと、緻密《ちみつ》な戦略企画を練る参謀。あるいは、カリスマ的なトップリーダーと、堅実な実務をしっかり握って運営する幹部などといったものかもしれません。

天は二物を与えずと言います。自分が目指す目標を前にして、自分の持てる実力との間に乖離（ズレ）があれば、戦略的に補完し合えるパートナーやチームを持つ選択肢が必要になってきます。

僕自身は政治の世界を経験したことで、ドライな人間ながらも、「ウェット」の大切さも学ぶことができました。僕自身がそこまで器用な人間関係を築けなくても、それが得意な人やスタッフに助けてもらえばいい、と考えられるようになったのです。

ぜひ読者の皆さんも、人間関係に悩んだ時には、この考え方をヒントに、仕事の取り組み方を考えてみてください。

第3章

橋下流「持論のすすめ」

――自分の軸を見出す発信法

個性とは「ざらつき感」である

本章では、世間と自分の「ズレ」を正しく認識した後に、それをどう自分の考えに落とし込み、発信していくか――「持論」の重要性についてお話ししたいと思います。

その前に、当たり前のようにここまでお話ししてきた「個性」とは、結局何なのでしょうか。

僕は個性の正体とは、「ざらつき感」だと感じています。

「ざらつき」とは、「引っ掛かり」です。「違和感」です。「ウイルスのスパイク」のようなものと言ってもいいかもしれません。自分の試行錯誤が、本当に正解かどうかは分からない。もしかしたらチャレンジすぎるかもしれない。しかし、「自分はこれで行く！」という意思と根拠をしっかり持つことです。

その意思は棘《とげ》のように、相手の心に突き刺さり、深い印象を残すこともあるでしょう。もしかしたら、その印象が強いために、不快感に近いものを与えるかもしれません。その結果、陰口を叩かれたり、炎上したりすることだってあるかもしれません。

それでも、ういろうのように、こんにゃくのように、ゼリーのように口あたりがよい人間より、ずっといい。つるりとスムーズな舌触りは、相手に不快感を与えない代わりに、どの人の印象にも引っかかりません。周囲と摩擦を起こさない「好ましい人物」扱いはされるでしょうが、誰の記憶にも強烈な爪痕《つめあと》を残さないのです。

何より「個性」を重視した石原慎太郎さん

僕は生前の石原慎太郎さんとお付き合いがありました。大阪府知事に就任した際、東京都知事だった石原さんにご挨拶《あいさつ》に伺《うかが》って以来、折に触れ、お話をする機会がありました。

石原さんは威厳ある方で、決して最初から親しみやすい雰囲気を醸し出されてはいません。そこに萎縮して思うように話せない人もいるでしょう。でも、こちらが堂々と自分なりの意思をもって話していると、人懐こい笑みで、包み込んでくださる方でした。

そんな石原さんは、相手を見るとき、そこに「個性」があるかどうかを一番重視されていました。眼光鋭く、押し出しの強いあのキャラクターで相手を睥睨《へいげい》し、しかし、それでもひるまず、自分の個性を保ち、自分の意見を持つ人を石原さんは評価したのです。

たとえ自分と意見を異にしていても、そこにその人なりの持論があれば、相手を評価する。「個性」とは「人と違うこと」「ざらつき」であることを、彼ほど知っていた人はいないでしょう。かつて異色の小説『太陽の季節』を世に送り出した稀代《きたい》の作家ですから。

だからこそ、オリジナルの個性も意見も持たず、ただただ自分におもねるだけの相手のことを、石原さんは決して評価はしませんでした。それは相手の機嫌を損ねないためだけの、見せかけのまろやかさであることを知っていたからです。

どこまでも自分色を薄めた無難な「個性」は、周囲と摩擦は生まないでしょうが、何も後に残りません。ナタデココやこんにゃくゼリー、タピオカといったつるりとした食べ物が、日本では周期的にはやりますが、肝心の自分の「個性」まで、つるりと喉ごしよくしてしまったら、周囲と差別化などできません。ブームが去れば、そこにいたことさえ忘れ去られてしまうのです。

情報社会の〝奴隷〟にならないために「持論」を述べよ

では、「個性」や「ざらつき感」はどうすれば出るようになるのか。

その答えが、本章で述べる「持論を語ること」です。

むしろ、持論を語らなければ、個性やざらつき感が出せないどころか、この情報社会の中ではインターネットやグーグルのサービスなどに即座に負けてしまいます。

ある日、リビングで子どもたちを眺めていたら、とにかくずっとスマホを眺めているのです。何を見ているのかと思ったら、ＴｉｋＴｏｋを眺めている。ＹｏｕＴｕｂｅとかＴｉｋＴｏｋとかＩｎｓｔａｇｒａｍとかは、もう無限に次から次へとコンテンツを自動再生してきますからね、無限ループ状態です。

「君ら、もう完全にスマホの奴隷状態やで。君らが見ている時間帯、すべて会社の収益になってんねんで。彼らの利益を上げるために、君らの時間全部奪われてんのや。もう奴隷やで」

思わず僕はそう言ってしまいましたが、どうも子どもたちはピンとこない様子です。古い世代のおっさんが何言っとんねんという感じです。

スマホ娯楽は本当に感心するほど、うまい具合にできています。ダンスとか歌とか、その人が興味ありそうなコンテンツを次から次へと繰り出してくる。当の本人もソファで寝っ転がりながら、アイスを食べながら見ているものだから、自分の自由意思で楽しんでいるように感じているのでしょう。その実、もう完全に奴隷の域です。時間も意思も思考も全部、デジタル娯楽に奪われている。頭をスマホに支配されているのです。

ならばそんな若者を僕ら世代はバカにできるかと言うと、全然そんなことはありません。朝起きてから夜寝るまで、通勤時間も昼休憩も、エレベーターの待ち時間も、カフェでの休憩時間も、僕ら世代だってスマホにかじりついていて、網膜・脳内に流れているのは無限の〝情報〟です。ツイッターで話題になっている現象、ネットニュースを賑《にぎ》わす今日のニュース、誰それの芸能人がどうしたというトピック……。

その結果、世の中にうんちく屋が増えました。誰もが何かしら世の中の事象に対して、一言二言、持論めいたものを言う時代になったのです。特に自分が興味を持って調べなくても、次から次へと情報のほうから勝手に飛び込んでくるのだから、当然と言えば当然の話です。誰かが言ったこと、リツイートされた意見、ネットニュースの見出しなど、どこかで聞きかじった知識を自分のものであると錯覚して、再出力していく。情報社会の現代ならではの現象です。

そんな誰もが〝情報屋〟になれる時代、情報通や博識家の価値は低下します。もはや「ただ知っている」だけでは価値を生みません。情報通や博識家は、誰もが使えるグーグルと張り合っても勝負は見えています。その場でスマホ検索すれば正確な情報を得られる時代、クイズ王を目指すのでもない限り、無限の情報収集は意味をなさないことになります。

そんな〝情報〟に代わって、価値あるものとして浮上してきているのが「持論」です。

世の中で一般的に言われている言説とはちょっと違う、一歩引いた独自の視点から眺める世界観、未来予測、分析、提言です。

世論と自分の間にある「ズレ」を可視化させる「持論」は、「世間の人はAと言っている。でも本当にそうだろうか、むしろBの可能性や、Cの可能性だってあるのではないか」と新たな視点や発見を人々にもたらします。

〝真実〟と語られている出来事に対して、疑いの目を向け、世論に流されることなく、自分の頭で調べ、思考し、出力できる能力。そこに多くの人が発見や共感を見出すとき、あなたの「持論」は、強烈な価値を発揮していくのです。

ただの〝情報〟と「持論」の違いとは

ひろゆきこと西村博之さんや、ホリエモンこと堀江貴文さん、成田悠輔さんなど、今の時代に強烈な個性を発する人々がいます。彼らと一般人を隔てているものは、独自の視点、考え方など、要するに確固たる「持論」を持っていることです。

はっきり言って、彼らとて得ている情報は、決して奇抜なものではありません。独自のスパイを持っているわけでもなし、特殊情報機関に勤めているわけでもない。彼らが得ている「情報」そのものは、皆さんもグーグルで得られるものばかりでしょう。

彼らの個性が光るのは、その誰もが得られる情報を、独自の視点で調理する能力を持っているからです。誰もがスーパーで買える食材を、特別の料理に変える能力。この食材が情報であり、料理が持論にあたるのです。同じ食材でも、普通の料理しか作ることができないか、それとも特別の料理を作ることができるか。ここが勝負の分かれ目です。

余談ですが、ひろゆきさんは著書『1%の努力』(ダイヤモンド社)を出版されていますが、あの本を見た時、見事なタイトルだなぁと感心しました。同時に、彼にとっての

1％は、おそらく凡人にとっての200％くらいではないかと（笑）。彼はああいう人ですから、「自分はものすごい努力をしてきた」という雰囲気はまといません。実際、いわゆるガリ勉的に、勉強机にしがみついてきたわけでもないでしょう。

しかし、彼の「1％」を鵜呑《うの》みにしたら、凡人はまず浮かばれません。彼ほどの「持論」を持ち、膨大な情報を独自の視点で収集・分析できる能力を持っている人はそうはいません。彼を真似したいならば、まずその背景に、持論を磨くために常人には到底真似できないような膨大な努力があることも、しっかり理解しておくべきでしょう。既に名を馳《は》せている料理人の1％と、凡人の1％は違うのです。

話が脱線しましたが、彼のような強烈な「持論」を繰り出す論客は、自分の「持論」を導き出すための検索ワードをしっかり持っています。「持論」なしの検索は、箸にも棒にもかからない無難な情報しか引き出せない。

そして、彼らがもっとも重視しているのは、「情報収集」そのものではなく、むしろその後のこと。「得た情報をどう組み合わせて、新しい価値に変えていくか」「オリジナルの持論として吐き出すか」という情報組み立て能力のほうなのです。

普通の人ならスルーしてしまうような情報も、彼らの情報センサーには、何かしらの

「ざらつき」として引っ掛かります。そしてその「ざらつき」「違和感」をいくつも脳内に蓄えておくと、あるとき化学反応のようにそれらが結びつく瞬間がきます。「ざらつき」が「ひらめき」に代わる瞬間です。

「個性」とは「ざらつき」「ウイルスのスパイク」のようなものと述べましたが、ざらつきのある個性ある人には、情報そのものも、個性あるかたちで引っ掛かってくる。そしてその情報が個性ある持論に発展する。

何事にもざらつきが重要なのです。

安倍元首相の国葬について抱いた「ざらつき」

「ざらつき」といえば、安倍元首相の国葬については多くの人が、長く心に「ざらつき」を残したのではないでしょうか。あの時期は、いくつもの「持論」が沸き起こりました。「安倍元首相は国葬にふさわしい」「いや、ふさわしくない」「これだけ世界が哀《あい》悼《とう》の意を示しているのだから、国葬にすべきだ」「国葬ではなく、内閣と自民党の合同葬にすべきだ」などなど……。

僕自身は、安倍元首相は国を挙げての葬儀にふさわしい働きをしたと思っています。

ただし、「国葬」かどうかというと、疑問が残ります。誰を国葬にすべきか、現時点では明確な規定や定義もなく、戦後、「国葬」となった首相経験者は吉田茂氏一人のみ。それも戦後のドタバタをまだ引きずっている社会状況の中でのことです。本来、日本にとっての「国葬」とは、天皇陛下に対して行われる「大喪《たいそう》の礼」という国家的葬儀であるはずです。

この点において、当時の岸田文雄首相は誤った判断をしたと僕は思っています。これほど重要なことを、時の総理大臣と内閣が一方的に決めていいことではありません。国民世論が真っ二つに分かれてしまっている国家的な葬儀を、首相の鶴の一声で決めてしまったのでは、法治国家とは呼べなくなってしまいます。

では、皆の納得感をつくるにはどうすればよかったのか。それはルールとプロセスを重視することだと、これまでも僕は様々な場で訴えてきました。

まず「ルール」で言えば、例えばアメリカが「大統領はすべて国葬」としているように、「首相はすべて国葬」と決めてしまえば、非常にシンプルになります。どの党のどんな首相でもすべて国葬。もしそのようなルールを定めないのであれば、国葬決定までのプロセスを国民が納得するレベルまで尽くす必要がありました。

安倍元首相を国葬にと訴える人々は、その理由に「憲政史上最長の8年8か月内閣総理大臣を務めたこと」「日米関係を中心に見事な外交を展開したこと」「国際社会で高い評価を受けていること」「民主主義の根幹である選挙の最中の悲劇であり、多くの国から深い哀悼の意を寄せられていること」などを挙げていましたが、これらを元に本当に「国葬」に値するのか否か、衆院・参院両議長や最高裁判所長官、民間の代表者も含めて審議会で、少なくとも野党を入れた国会でしっかりと議論し、そのプロセスを国民に明らかにする必要がありました。

しかし、岸田首相はそれらをすべてしなかった。まさに首相の鶴の一声で、「国葬」が決まったのです。

安倍元首相が凶弾に倒れた際の世論の慟哭《どうこく》、自民党の嘆きといったウェットな部分に押し切られて、ドライな論理に基づく議論をすっ飛ばしてしまった。政治の奥の手である「まあまあ」というウェットな論理が国民全体にも通用すると思ったのかもしれません。なんだかんだいっても、国葬をしてしまえば、感情的に国民も納得してくれるだろうと。

大きすぎる「ズレ」は、強く拒否される

しかし、僕にとって、またおそらく多くの日本国民にとって、安倍元首相の国葬が強烈な「ざらつき」として残ってしまったのは、こうした論理性の欠如とともに、実際に行われた「国葬」の様相が、想像以上に貧相だったこともあったからだと思います。テレビから流れてきた当日の映像は「本当にこれが日本国家としての『国葬』なのか？」と国民のウェットな感情を非常に傷つけるものでした。

菅前首相による、非常に人間的なスピーチはたしかに感動的でした。思わず僕の胸も熱くなりました。首相時代には、決して流暢《りゅうちょう》とは言えなかったスピーチの菅前首相です。しかし、首相という立場としてスピーチライターが用意したものを読むのとは異なり、自らの心の内から溢れる思いを朴訥《ぼくとつ》に語るその姿は心温まるもので、見る者の涙を誘いました。

でも、安倍元首相の国葬で感動したのはそれくらいでしょうか。菅前首相のスピーチがどれほどよかろうと、結局は「友人代表の追悼スピーチ」です。その後は延々と、本当に延々と、３時間以上続く献花の列。たしかに巨大ではあるけれど、非常に平坦な菊

の花祭壇に、ズラリと並べられたパイプ椅子の列……。「国葬」とは名ばかりの、非常に事務的な葬儀の光景は、折しもイギリスのエリザベス女王崩御《ほうぎょ》に伴う、壮麗で格式高い見事な「国葬」映像と比べたとき、どこかもの悲しさすら感じさせてしまうほどの「ズレ」を醸し出していました。

「本当にこれが日本国の『国葬』なのか」「これを『国葬』と胸を張って言えるのか」、そんな疑問が多くの国民の心に湧き起こったのではないでしょうか。

天皇陛下、もしくは上皇陛下に対する国葬は、国家行事であるとともに皇室儀礼であり、非常に格式高い、厳《おごそ》かなセレモニーです。だからこそ僕も含めて多くの日本人にとって「国葬」という言葉になんとなく感じているものは、荘厳《そうごん》な美しさを伴う日本の精神文化の結晶です。

もちろん安倍元首相の葬儀を、天皇陛下の「大喪の礼」と並べられるほどのセレモニーにしろと言うのではないのです。でも、まがりなりにも日本国を象徴する「国葬」とするならば、天皇陛下が一切関与しない今回の葬儀を、日本国の「国葬」と呼んでもいいのでしょうか。

ちなみにイギリスがチャーチル元首相の葬儀を「国葬」とした際は、エリザベス女王がわざわざ議会に書簡を出して実現したのです。チャーチル元首相の偉大な功績をたたえ、彼を国葬にすべきではないかとの女王の意を受けた議会が、元首相の国葬を決めたのです。

つまりイギリスも、通常の首相はすべて「国葬」に準ずる「儀礼葬」にするのが慣例です。ダイアナ元皇太子妃や、エリザベス女王の夫君フィリップ殿下ですら、国葬ではなく「儀礼葬」にしていることを考えれば、「国葬」とはやはり国家を象徴する大きな意味を持つものであることが分かります。

それが、あれほど反対派を振り切って、一方的に「国葬」を決めたのに、こんな事務的な葬儀なのか。これでは政府がお金を出した「政府葬」と言うべきでした。

伝統ある日本国を象徴する葬儀であるならば、日本の美意識の粋を集めた葬儀であるべきではなかったのか。「国葬」ということの重みを一番わかっていなかったのは、日ごろ日本国の伝統や皇室の重みを強調する保守政治家の集まりである自民党のお歴々であったという笑い話にもならない話です。

特に安倍元首相を支持してきた自民党や支持者の方々は、皇室を大切にしようとか、皇位継承権は男系男子にしか認めるべきではないとか、首相は靖国参拝すべしとか、常日頃から日本の歴史や伝統、文化、皇室の重みを強調してきた保守派と言われる人々です。

その人たちが、天皇陛下の関わりが一切ないあんな簡素な葬儀をなぜ国葬と認めたのか。国葬の中身は何も考えず、単に「国葬」と言いたいだけとしか感じません。保守派の人たちが今まで言ってきたことと、今回の態度、振る舞いには、近年まれにみるとてつもない大きなギャップ（ズレ）を感じました。ここまでのギャップは矛盾として国民全体に伝わったでしょう。

安倍元首相を国葬にすべしという持論、すべきではないという持論。言論の自由が認められている日本です。どちらの「持論」があってもいいし、どちらかが絶対的に正しいわけでもありません。

ただし、両者の間にあまりにも埋めがたい「ギャップ（ズレ）」があるのであれば、その差を埋めるための努力やプロセスを経る必要があります。まさにここではドライとウェットの組み合わせが必要となります。

それを欠いた当時の岸田政権の国葬決定は多くの人にわだかまりだけを残す残念な結果になってしまいました。全額国費とする点にこだわる賛成派と、安倍政治は国葬に値しないとする反対派のギャップをドライとウェットの組み合わせで埋めるには、野党も含めた国会で全額国費とする「政府葬」と決定するところが落としどころだったと思います。

持論を述べる際のポイント① 相手の人格否定をしない

さて、世間と自分の間の「ズレ」を認識した上で、「持論」を述べることの大切さを語ってきましたが、ここからは「持論」を繰り広げる際のコツをお話ししていこうと思います。

「持論」を持つことは大切です。ただし、その扱いにはいくつか注意すべきポイントも存在します。「持論」はもろ刃の剣でもあり、闇雲に繰り出せば、ただ我の強い、他者の意見に聴く耳を持たない意固地《いこじ》な人間と目されかねません。

そうならず、周囲から一目置かれ、その言動が社会に良い影響をもたらす存在になるためには、どのような点に気を付けるべきかを話していきます。

まず、「持論」を語るときに大切なことは、「自分の意見こそ絶対に正しい」とは思わないことです。

たしかに僕自身もいろいろなところで「持論」を繰り広げます。ヒートアップして熱い議論になることもあります。でも僕は「自分の意見が唯一絶対正しい」とは思っていません。「僕はこう思う」ということには自信があるけれど、だからといって「僕と意見が違う他者は全員バカ、アホ」とは思っていません。

日本人は残念ながら、学校教育においてディベートや議論の仕方を学んできていません。だから、議論となると、どうしても自分の考えが絶対正しいと考えるあまりに、自分とは意見を異にする相手の人格否定に陥りがちです。「お前はバカだ」「お前はアホだ」「あんな考えをする奴は気持ち悪い」などなど……。

こういう人たちは「人は皆、異なった意見を持つ」という多様性の大前提を忘れてしまっています。世の中で「自分だけが正しい」という絶対的な確信を基に、相手を愚かだと信じ込み、とことん侮辱《ぶじょく》してしまう。これは非常に残念なことで、建設的な議論からは程遠くなってしまいます。

非常にセンシティブなテーマとして、繰り返し議論されるのは日韓関係です。僕も韓国や文在寅《ムンジェイン》前政権に対しては、思うところも多々あります。いろいろ「持論」も繰り広げてきました。それでも相手国を侮辱するような言動は厳に慎もうと意識してきました。

相手をバカだ、アホだと決めつけた瞬間、その品性はブーメランのように本人を貶めます。その人の発言の価値はゼロ以下となり、単なる小学生レベルの罵詈雑言になってしまうからです。

１００人いれば、１００人の「持論」が存在します。自分の考えとのズレに怒りをぶつけるのではなく、中身の議論をするべきなのです。

持論を述べる際のポイント②　物事に「ラベリング」をしない

他者の考えと自分の考えの「ズレ」を正しく認識するには、「安易に相手にラベリングをしない」という注意も必要です。ラベリングとは何か。「ポピュリズム」「右派」「左派」「保守」「リベラル」などといった、分かりやすい、しかし非常に使い古されたレッテルをいきなり相手に貼り付けて、そこから論を展開することです。「ポピュリズムだから〇〇」「保守は〇〇」「リベラルは〇〇」という具合に。

このようなラベリングは使い勝手がいいので、新聞のタイトルやニュースの見出しでも重宝されています。短くて物事がパッと表現できる利便性はたしかに捨てがたいですが、しかし、「ラベリング」は中身の議論を停止させる呪いの言葉でもあるので、極力慎んだほうがいいと思います。

２０２２年、イタリア上下院の総選挙で、それまで野党だった「イタリアの同胞（FDI）」が第一党に躍進しました。日本のメディアはこぞって「イタリアにポピュリズム政権誕生」「民主主義のもろさ、欧州で露呈」と報じました。だけど、思い返してみると、ちょうど4年前にイタリアで「五つ星運動」が躍進した際も、日本のメディアは一斉に「ポピュリズム」とのレッテルを貼りつけていたのです。

僕はこの「ポピュリズム」という言葉が嫌いです。僕自身がかつて「ポピュリスト」とレッテルを貼られた経験も影響しているのでしょうが、そもそも「ポピュリズム」というものが何を意味しているのか、正確に把握したうえで使っている人はほとんどいないと感じているからです。

「ポピュリズム」、すなわち「大衆迎合主義」と訳すことが多いですが、「大衆の民意を受けて選挙に当選した政治家なり政党」を、「ポピュリズム」と断じることのおかしさに誰も気づいていません。

そこには「選挙の票を取るために、大衆におもねった政策をとる、迎合している」という決めつけが働いているようですが、そもそも「選挙の票を取る」ことが選挙活動であり民主主義の原点です。そして、「現在の政治に足りていない」と国民が感じているものを提供しようとする政治姿勢を「ポピュリズム」と呼ぶのであれば、ほとんどの政党は「ポピュリズム」にあたってしまうのではないでしょうか。

「ポピュリズム」とのラベルを貼るのは、ほとんどがメディアや大学という象牙の塔にいる知識人階級です。彼ら彼女らが「ポピュリズム」とある政治家や政党を批判するとき、「我こそは冷静な判断ができ、政治家らが言っていることはいい加減なものであることを看破できる。だが、愚鈍な大衆は見抜けずにだまされてしまっている」というニュアンスが、どうしても漂ってきてしまうのです。

それは「ポピュリズム政党」を選挙で選んだイタリア有権者（あるいは大阪府民）を、とことんバカにする表現だと思います。

最初から色眼鏡でラベリングしてしまえば、物事の本質を見誤ります。世の中に流布するラベリングを使うと、一見知識人っぽい言説は繰り出せますが、それはすでに手あかのついた世論でしかありません。独自の「持論」を醸成するには、まずはラベリングを取っ払い、本質をしっかり見極める態度が必要だと思います。

先日も、ジャーナリストの櫻井よしこさんとテレビ番組で議論になりました。僕と櫻井さんでは見解がぶつかることが多々ありますが、そのときに「あなたは戦後の体制にどっぷりとつかっているから」という趣旨の意見を言われました。しかし、そのようにラベリングしてしまうと、僕の見解のおかしな点を指摘する、中身の議論にはなりません。

そもそも櫻井さんも戦後生まれなのです。櫻井さんも戦後の体制にどっぷりつかっているのです。その後、GHQの占領思想がどうのこうのと言っていましたが、結局櫻井さんの主張は、「自分はGHQの占領思想や戦後の体制に惑わされていることはないが、橋下は惑わされている」と何の根拠もなく決めつけている論にほかなりません。これは日本の歴史伝統を強調し戦後体制を何かと批判する人たちに非常に多いラベリングの典型です。

持論を述べる際のポイント③ 相手の立場に立って考える

ラベリングのよくないところは、他にもあります。自分からは遠く離れたものとして距離を置き、想像力を欠如させてしまうことです。ある政治集団について「右派のポピュリズム政権」と言われたら、瞬時にして自分たちとは縁のない、理解不能な人々という印象を持ちませんか。

しかし、彼ら彼女の状況に我が身を重ね合わせれば、理解できること、想像できることはたくさんあるはずです。「インフレが収まらない」「エネルギー価格がどんどん高騰していく」「仕事がない」「子どもたちに質の高い教育を与えられない」「移民たちが増えて、犯罪が増えるのではないかと心配している」。もし自分がこういう状況に身を置いたら……、そんな想像力を駆使すれば、彼ら彼女らの不安、政治に望むことにも少しは思いを馳せることができるのではないでしょうか。ここはウェットな思考です。

もちろん、だからといって、「移民排斥」「ロシア支援」という判断までいくかといえば、そこはまた幾重《いくえ》にもハードルがあるはずです。ここはドライな思考とも言えます。

またロシアとウクライナの関係も同様です。もちろん一方的にウクライナに侵攻したロシアの行為が間違っているのは当たり前のことです。しかし、「ロシア＝悪」「ウクライナ＝善」と善悪に二分してしまった途端、思考は停止してしまいます。なぜロシアのプーチン大統領は、あのような暴挙に出たのか、その裏にある背景事情を探り、そこを想像しなくては、有効な対抗策を練り上げることができず、ただ戦闘行為の継続のみとなってしまいます。

こういう話をすると、すぐに「お前はロシア擁護派か！」と批判の声を頂戴するのですが、「相手の立場に立って物事を考える」「相手の立場を想像する」のは、裁判において最も求められる能力であり、これこそ戦いに勝つために必要な能力なのです。

ある裁判において、自分はAという人の弁護をし、相手の弁護士はBという人の弁護をしているとします。それぞれの主張は真っ向から食い違い、平行線の一途をたどります。

こういう時、できる弁護士は、相手の弁護士の立場に立ち、想像力を駆使して自分の弁護の方向性を修正していきます。「たしかに自分もその立場なら、その主張をするな」という部分は、論理的に突き崩すのが難しいわけです。ならばそこは攻めずに、別の弱点を探します。あるいは相手の主張をいったん認めて、さらなる反論を試みていくのです。

一方、できない弁護士は、どうするか。徹頭徹尾「こちらは絶対的に正しくて、相手こそが間違っている」の一辺倒《いっぺんとう》なのです。相手の主張を完全否定することだけに注力します。こういう弁護士は裁判において大抵《たいてい》負けます。相手の立場に立って物事を考えることができないので、自分の弱点や相手の弱点を見つけることができないからです。「持論」を述べる際も、自分の主張を繰り返すだけでなく、相手の立場に自らを置いてみる想像力が大切なのです。

持論を述べる際のポイント④　〝ブーメラン〟になる発言をしない

相手を強烈にバッシングしていた人が、ある時点でまったく同じバッシングを受ける……という現象があります。いわゆるブーメラン現象ですが、「自分は絶対的に善で、相手は絶対的に悪だ」というスタンスが、その原因です。自分が相手を落とすためにせっせと掘り続けた穴に、自らも落ち込んでしまうのは、まさに「想像力」の欠如が原因です。

例えば、旧統一教会と政治家の関係性について、自民党と野党が壮絶な舌戦を繰り広げていました。でも、「相手を攻めていたら、実は自分のところもそうだった……」なんて例が多発していましたよね。

これは相手の立場に立って考えてみれば、「自分もその点は本当に大丈夫なのか」という考えになるはずなのですが、そのような思考ができない人たちが窮地に陥っていました。「自分も、もしかしたら気づかないうちに旧統一教会と何らかの接点があるかもしれない」と思えば、相手に対して「何らかの接点があればもう絶対ダメだ」という論調で攻めることはないはずです。いずれ同じ批判が、自分にブーメランとして返ってくるかもしれないからです。

にもかかわらず、「自分は絶対大丈夫」だと根拠なしに思い込んでしまうのは、常に自分は「正義」「善」であり、相手は「不正義」「悪」だと思い込んでいるからにほかなりません。相手を「不正義」「悪」だと決めつけると、その時点で、もはや自分を相手の立場に置く想像がまったくできなくなります。人は皆、自分を「不正義」「悪」だと認めたくないですから。

これは政治に限った話ではありません。「絶対○○だよ」「△△は絶対にアウト」「××さんは、いつもこう」と断定しがちな人は要注意です。「議論」の際は、自分を絶対「善」、相手を絶対「悪」と決めつけるような言葉で論じることは避けるべきでしょう。

常に逃げ道を用意しておく……と言うと語弊があるかもしれませんが、人間である以上、こちらも完全無欠な「善」や「正義」であるわけがないという認識を持つことが重要です。

持論を述べる際のポイント⑤ 比較優位の思考でより「マシ」な案を探る

特にビジネスシーンにおいては、「持論」を述べるときは、常に解決策とセットで提示することをお勧めします。「持論」を述べるときに一番避けるべきパターン、それは「絶対○○がベストな案です！」と断言するものです。

企画書を持ってきて「これが絶対に必要です！」と言い切る人がたまにいます。僕は物事に「絶対」はないと思っています。何事にも光があれば影もある、メリットもあればデメリットもある。そこを「絶対」と言い切る根拠は何なのかと問いたくなります。

僕が知事や市長をやっていた時、部下の職員には「案は常に3案もってくるように」と言っていました。最善と思える策A、その対極にある策B、その中道に当たる策Cです。

ダムをつくるなどの大きな事案は、それこそ賛成派も反対派も入り混じり、ありとあらゆる可能性を探りますが、小さな案件まで含めて全案件を同じように僕が参加して徹底議論していたのでは、日常業務は進みません。かといって「これが絶対です！」と部下が持ってきた案を鵜呑みにするわけにもいきません。

そこで、一つの事案に対して、部下から三つの案を提示してもらうようにしました。そうすれば、どれが一番妥当なのか、効率的に考察することができます。なにより提案した本人も、「絶対A」と思っていたけれども、実はCの方が現実的な策ではないかなど、気づくこともできます。

物事に「絶対」はない中で、何を基準に決めたらいいのか。それは「比較優位」の考え方です。要するにAとBとCを比べて、どれがもっとも「マシ」であるかを見つけるのです。

ところが日本の学校教育では、「比較優位」の考え方をほとんど教えてきていません。常に正しい答えを見つける作業ばかりです。先生や教科書が示す「正解」をひたすら記憶して、テストの空白を埋める訓練ばかりをしてきた人は、大人になっても「絶対これだよ！」という正解を見つけようとする。正しい答えには一点の曇りもあってはならないという思考です。

そうすると正解が分からない問いに答えることができなくなります。少しでも問題がありそうなら、それは正解と思えなくなる思考になっているからです。

現実の世の中には１００％完璧な正解などそうそうあるものではありません。１００

％完璧な正解は、教科書や問題集の上でのこと。

社会に出て様々な課題にぶつかった際に正解を導くためには、多少問題があったとしても、よりマシなものを選択する比較優位の思考が必要不可欠です。その思考がなければ、各提案について、問題点だけをあげつらい、結局何も選択できないという事態に陥ってしまいます。

ある提案にダメ出しや注文を付ける際は、「比較優位」の思考法を採用し、必ず他案と比較する。そうすると一気に「持論」の精度が高まります。くれぐれも回避したいのは、自らは代案を何も提案せず、口だけで「ああでもない」「こうでもない」と好き勝手に文句だけを述べること。

代替案を出すことなく、「この案は問題だ」とばかりくさす発言は、建設的な「持論」として受け入れられないことは、よく覚えておいたほうがいいでしょう。

持論を述べる際のポイント⑥　NOを言うだけの「批評家」になるな

日本の政治で絶対的王者として長年君臨し続けている自民党政権。もっと異なる政党が新風を吹き込んだほうが、日本の政治はより良くなるはずだと僕自身は思っていますが、残念ながら昨今の野党の様子を見ると、その実現は遠い先のようです。

日本の野党はなぜ、これほど勢いがないのか。逆に自民党政権は、なぜこれほど長期にわたり、盤石《ばんじゃく》な基盤を保ち続けるのか。

一つには、日本の野党が現状、相手をくさすだけの威勢のいい言論に終始しがちだからです。「比較優位」の思考に基づいた、自民党案に代わるB案を用意することもなく、ひたすら自民党案にダメ出しばかりを繰り返す。自民党のすることなすことに文句を言うだけでは、国民もさすがについていきません。自民党に対して100%完璧な正解を求めるばかりで、では野党はどうするの？　という野党の「持論」が見えないからです。

社会の人々が願っていることと、自民党政権が行っていることの間に「乖離（ズレ）」があるならば、そこをしっかり冷静に批判をし、ならば「どういう道ならそのズレを埋めることができるのか」という視点で、自民党が行っていることに代わるB案を提示するといった現実的な提言をしているならば、国民ももっと野党を支持すると思います。でもそれは一切なく、とにかく自民党に100%完璧な政治を要求し、自民党の問題点ばかりを言い続ける姿勢。

もちろん、「批判」は大切です。それをする者すらいなくなってしまったら、単なる自民党の独裁政権になり果ててしまいます。おかしいことは「おかしい」と言い、批判すべきはちゃんと批判すべきです。でも、「ズレ」があるなら、それを埋める努力もしないといけない。

会社でも同じではありませんか。常に上司や部下のやることにダメ出しばかりして、ならば自分はどういう具体的な解決策があるのかと問えば、「自分はその役割にない」と逃げる人もいます。

もし、上司や部下の方針が違うと思うのであれば、その「ズレ」を埋める自分なりの代案を考え、根拠と共に提案できる力は、どんな場所でも評価されるはずです。

このズレを埋める代案が「持論」というものです。

持論を述べる際のポイント⑦　防御線を張りすぎるな

いつも逆張りを言う人、の反対に「防御線を張りすぎる」人も考えものです。SNSの時代、ちょっとした問題発言があっという間に大炎上します。だから自分の発言が批判を受けないだろうかと細かく気を遣うのもわかります。自分でも気づかないうちに差別的発言をしていたり、誰かを貶めるような発言になったりしてはいないか、僕自身もテレビでもＳＮＳでも気を遣っています。

ちなみに僕の発言は大批判を受けることが多いのですが、すべては予想範囲内です。「これを言ったら大批判を受けるだろうな」とあらかじめわかった上で言っている。批判を受けることが目的なのではなく、自分の持論を今言えば、すぐには理解してくれないだろうなという認識で、それでも持論を展開すれば、予想通り大批判を受けることになります。

それでも持論を述べる際に、無意識に批判に及び腰になっていることもあるようです。周辺の反応に配慮したのか、モゴモゴと言い訳めいた前置きをしたうえで、発言してしまう場合があるらしい。そういう時は、いの一番に家族から、強烈なツッコミがきます。

「何言ってんのかさっぱりわからへん」と。

僕が知事、市長という上司の立場の時も、モゴモゴと何を言いたいのか分からない部下の言いぶりに出くわす場面が幾度もありましたが、今から考えると、彼ら彼女らもいろいろ配慮したうえでの遠慮が、そういった言動につながっていたのかもしれません。

加えて日本語はいくらでも回りくどい表現をすることが可能な言語ですから、聞いていてもさっぱり論点が分からない……ということはあらゆる場面で起こり得ます。

　だからこそ、「持論」を語る場合は、堂々と語りましょう。相手の立場への想像力は大事。表現も大事。誰かを傷つけはしないかという配慮も大事。でも、それらをきちんと認識した上で、もはやある程度の批判は覚悟をして「持論」は語るべきです。自分の持論に１００％の人が賛同してくれるなどということはあり得ません。どんな場合でも、必ず賛成派と反対派は出ます。アンチも出るし、クレームもくるし、炎上もするでしょう。でも、それを恐れていたら「持論」なんて語れません。

　差別的発言、侮辱的発言さえしなければ、どれだけ批判を受けたとしても、それは見解の相違ということで乗り切ることができます。そして当初は大批判を受けたものの、冷静な議論を経るうちに、自分の持論に賛成者が増えることも往々にしてあります。当初は周辺がギョッとするが、よくよく考えると本質を突いている……そういう持論こそが情報氾濫の今の時代に光り輝くのです。

持論を述べる際のポイント⑧ フィードバックを受け入れよ

「クレーム」は、世間の思う期待値と、自分の実力の「ズレ」であるが、裏を返せばそれは「伸びしろ」であるという話を第1章でしました。これは「持論」を語るうえで大切なポイントなので、改めて皆さんにお伝えしたいと思います。

僕は大阪府知事になったとき、ニーズ調査（フィードバック調査）を、大阪府の各施設で行いました。民間施設ならばどこでもやっているごく当たり前のアンケート調査です。来館者に対してアンケートを実施して、満足点、不満足な点、ここを改善してほしいなどの要望を書いてもらうのです。

ところが、こんなごく当たり前のことを実施しようとしたときの、役所からの強烈な拒否感はすごかった。基本的に役所に勤めている人は頭がよく、子どもの頃から成績優秀で品行方正なエリートたちですから、基本的に他者からのクレームに慣れていないのでしょう。「そんな批判をなぜわざわざ集める必要があるのですか」という拒否感は、「クレーム＝批判＝悪」という発想からきていたと推察されます。

でも、男性職員の多い役所がつくった施設には、もしかしたら女性目線や、子どもの目線が欠けているかもしれません。使いづらかったり、「もっとこうであれば毎日使えるのに」と思ったりしている人もいるかもしれません。「ズレ」があるならば、「ズレ」の調整をするのがフィードバックです。

このニーズ調査の結果、僕が大阪府知事、大阪市長に就任して以降、様々な施設の改善が行われましたし、それ以上に大きな取り組みも府の公園や道路、大阪城などで催されました。大阪城天守閣前の西の丸庭園では大掛かりなモトクロス競技大会が、大阪城天守閣ではそこに映像を映すプロジェクション・マッピングが、さらには大阪城公園でのナイトプールも催されました。吉村洋文市長の時には、大阪城のお堀も使ってのトライアスロン大会も催されました。

いずれもかつてならば「とんでもない！」「大切な文化財である大阪城でなんてことを！」と、ただちに拒否されるプロジェクトばかりです。しかし役所の職員たちも、市民からのたくさんのニーズを目にして、市民に愛される城、公園、大阪の街にしたいという思いが強くなったのでしょう。

商品にしろ、サービスにしろ、より良いものにするためには周囲からの評価をフィードバックすることが欠かせません。そのためのニーズ調査です。

「持論」に対しても、賛成、アンチ、中道、いろいろな意見が飛び込んでくるでしょう。もちろんすべてを鵜呑みにして聞く必要はありませんが、しかしそれらの意見、評価は自分を成長させてくれるありがたい宝であるという認識で、フィードバックする心掛けが重要です。

「持論」と「努力」で、自分ブランドを確立せよ

「持論」の話をする際に、いつも思い出すエピソードがあります。

1997年、僕が弁護士として活動していた28歳の頃のことです。ある日突然、高校のラグビー部の先輩から連絡を受けました。当時、放送局に勤め、ラジオのディレクターをしていた先輩が、「今日出演予定だった弁護士が急遽来られなくなった。代打で出られないか？」と僕に打診してきたのです。

聞けば、「生放送で、どうしても弁護士に何か喋ってもらわなくてはならない」とのこと。テーマは神戸連続児童殺傷事件だといいます。事件の犯人が14歳の少年であったことから社会を震撼《しんかん》させた事件です。

かなりヘビーな事件で、しかも生放送。ラジオにも出たことがないのに、いったい自分にできるだろうか。しかし迷ったのは一瞬でした。たしかに心の準備はできていないけれど、この事件に対する見解や少年犯罪における「持論」なら十分に持っています。

出演を決意し、ラジオでは「未成年者であっても、凶悪犯罪を起こした人間は厳罰に

処すべき」という「持論」を展開しました。当時は「未成年者である加害者を守れ！」という論調が圧倒的で、そこでぶち上げた僕の「持論」は、多くの人に「ざらつき」を与えたようです。賛否の声が番組に多く届いたとのこと。この僕の持論をラジオで聞いていた大阪のテレビ局のプロデューサーから連絡が入り、今度はテレビ出演をすることになりました。

大方の世論とは異なる「持論」を繰り出すからには、膨大な勉強が欠かせません。ことに当時のテーマは少年犯罪。僕の持論で多くの人に影響をあたえる可能性もあるわけですから、生半可《なまはんか》な突飛《とっぴ》な意見、目立ちたいだけの意見、いい加減な論拠では論じられません。

事件の背景、法律の解釈、多数派の意見、少数派の意見、あらゆる角度から俯瞰《ふかん》した結果の「持論」を丁寧に、しかしはっきり堂々と打ち出しました。

このことがきっかけとなり、その後次々にテレビのレギュラー出演が決まり、さらにあらゆるテーマについて持論を展開するようになりました。

しかし、「持論」はどこまで行っても「論」でしかありません。テレビ番組のコメンテーターとして、どれだけ政治を批判し持論を展開しても、なかなか現実は変えられないという不満や怒りが高まり、焦燥感も味わっていました。

そんな折、作家の故・堺屋太一さんに、大阪府知事選挙の出馬を勧められたのです。これまでずっと貯めてきた「持論」、それを実行に移せるかもしれない。全力で府政改革に努めてみせる。

僕の今に至る人生のすべては、あの日、先輩からかかってきた一本の電話から始まりました。

そして、堺屋さんに勧められた時に、「はい！」と答えたときから。

いずれの場合も、チャンスが来たときに、僕に確固たる「持論」が醸成されていたことが、僕の背中を押しました。まさに「自分の軸」ができていたからこそ、人生最大のチャレンジができたと思っています。

せっかくのチャンスが来たとき、そこから準備しようとしたのでは遅いのです。いつ何に役立つか分からない。でも、自分はこれに興味がある、関心がある、そういう分野において持論を固めるための努力をコツコツ積み重ねていってほしいと思います。

第4章
ズレを見抜き、持論を生み出す「情報収集術」

持論を生み出すには「質」と「量」の両方が大事

前章では、個性や自分の軸を形成する「持論」の大切さについて見てきました。本章では、どうすれば持論を自分の中に生み出せるようになるのか、そのつくり方をお伝えしたいと思います。

といっても方法は非常にシンプルです。次の二つの行動を実践することにつきます。

1．上質な情報を大量に「インプット」すること。

2．その情報を組み立てて持論を導き、「アウトプット」すること。

「何を当たり前な！」と思われそうですが、ポイントは、この「インプット」&「アウトプット」のスパイラルを、際限なく回し続けることです。一日や二日、やってみたというのではなく、1年、2年、3年とずっと「持論」は製造し続けることが大切なのです。

僕は「持論」をつくるという行為は、その時々のはやりのフレーズや、話題の言説を繰り出すのとは本質的に違います。それは「思考の構造」をつくりあげるようなものです。一度「持論」を持ち、考え、他者と議論する習慣が身につけば、どんな時代でも、どんな年代になっても、その「考える構造」は衰えることなく、より精度は高まり、オリジナリティも高まっていくのです。

しかも「持論」は、一つや二つ持っていただけでは、効果はありません。あなたの思考が、他者の思考や行動に影響を及ぼし、現実世界に影響を与えるようになるためには、少なくともあなたの中で膨大な「持論」が醸成されている必要があります。

そうした「持論」形成は、一朝一夕にしては生まれません。日々の地道な積み重ねがものを言う世界です。

ただしこれから述べる「インプット」＆「アウトプット」のスパイラルが軌道に乗っていけば、あとは自走していきます。あなたは気づけば、無限「持論」製造マシーンと化して、あらゆる事象で、世論やメディアに右往左往することのない軸を持つ人物として周囲から認知されていくはずです。

そうなれば周囲の人は、もはやあなたを放ってはおかないでしょう。何かことが起きれば、あなたの意見が多くの人の思考の補助線となっていくはずです。

そんな「持論」形成のためにまず大切なのが、「上質なインプット」を怠らないことです。「情報」は持っているだけでは価値を生まないと先に述べましたが、それは情報の組み立て作業が必要だからです。組み立てる素材としての「情報」そのものは、やはり得るべき大切な栄養素なのです。

でもそれはジャンクなものであってはなりません。良質な「持論」を成長させるにふさわしい栄養素の詰まった情報を日々得ていく必要があります。

ネットに流れる根拠のない二次情報・三次情報、あるいはガセネタやフェイクニュースならば、浴びるだけ無駄というもの。誰かによって薄く伸ばされた情報、発信源がぼかされた情報も信用に足るものとはいえません。

例えば、「健康」ネタに関しても、実に多種多様な〝持説〟が世の中を跋扈《ばっこ》しています。「ワクチンを打つべきだ」「打つべきではない」「打つと〜の症状が一気に出た」、はたまた「ワクチンはとある国の陰謀である」など驚くべき〝情報〟もある。そのうちのどんな栄養素を体内に取り込むかの判断から、すでに「持論」の勝負は始まっています。

情報発信者がどういう立場の人間なのか、もし当人が〝医者〟などの専門家を名乗っているならば、どういう立場の人で、どんな組織に属しているのか、その人に著書があるなら、どんな出版社から出ているどういう類の書籍なのかも調べる癖をつけてください。

ネットに出ているから、取材記事が出ているから、著書が出ているからといって、信用に値するとは限りません。少なくともあなたの「持論」形成に必要な情報なのかどうかは、取り入れるとしてもどのランクの情報なのかは、あなた自身が判断していかなくてはならないのです。

「フェイクニュース」に踊らされない方法

ロシアによるウクライナ侵攻が続いていますが、これについても実に様々な〝情報〟が飛び交っています。

ロシアが発表する情報、ウクライナが発表する情報。それぞれの政府や情報機関が発表する情報もあれば、テレビニュースで流される情報もあります。政府の公式ＳＮＳアカウント発表もあれば、個人のＳＮＳ発信のものもあります。

どれを信じ、どれを疑うか、どの映像がフェイクで、どの証言が真実なのか、もはや確かめるすべはほとんどありません。

中でも人々をヒヤリとさせたのが「ロシアによるミサイルがポーランドに着弾した」とAP通信が報じた時のことでした。ウクライナに撃ったつもりのロシア軍のミサイルが、間違いででもポーランドに着弾したら……、ポーランドはNATO加盟国です。NATOの西側諸国は、ロシア軍に反撃をせざるを得なくなる。NATO非加盟国のウクライナに対するように、単に武器を提供するだけでは済みません。

ついに第三次世界大戦の始まりか！　とネットニュースのタイトルに震撼した人も少なくなかったはずです。

しかしこれはその後、AP通信社の誤報であることが明らかになりました。〝情報〟の裏を取ることなく報道した記者は、AP通信社から解雇されました。

ただ、この時も情報の「信頼度」に対するアンテナが高い人は、この「誤報」に惑わされることなく、冷静に対処できていたのではないかと感じます。理由は単純です。今回のAP通信社の「情報」には、その発信源が明記されていなかったからです。

情報源が匿名だとしても、そのことすら明記されていない、誰がどこで、いつ、どんなルートで入手した情報なのかがまったく記されていない「報道」は、「フェイク」とまでいかずとも、それは信頼に足る情報なのかという疑問が、頭によぎったはずです。

とはいえ、ありとあらゆる情報が渦巻く現代社会において、すべての「情報」の真偽を調べるのは容易ではありません。というより不可能に近い。

もちろん誰もが「フェイクニュース」は掴みたくはありませんが、その情報の事実関係を確認するのに時間を要する場合もありますし、そもそも現地に行かなくては証拠を取りようがないことだってあります。そうした場合に、誤った情報に踊らされずに、正しい判断を下すためにはどうすればいいのか。

よく「情報リテラシー」を高めればフェイクニュースに騙されないと言われますが、それでも万全とはいきません。最初から白旗を挙げるようなことは言いたくはありませんが、「フェイクニュースは掴まされる」ことを前提にして、情報収集をしていくほうが真摯《しんし》な態度と言えるでしょう。

「俺は詐欺には絶対騙されない」と豪語している人の方が得てして簡単に人に騙されるもの。「だまされるかもしれない」を前提にしていれば、あらゆる防御策を講じることができるのです。

情報の「ランク分け」を習慣づける

「情報」は、真か偽か、二択とは限りません。100％真実か、はたまた真赤な嘘かという二元論ではなく、グラデーションで分類して咀嚼《そしゃく》することを勧めます。

例えば、政府公式の発表、専門機関の研究発表、専門家による論文などの信頼に足る「一次情報」があります。その次に、その一次情報を咀嚼して解説した新聞や雑誌、ニュース報道などの「二次情報」があります。

次いで、それにさらに自分なりの解釈や発見を加えたコメントやSNS、ブログなどの「三次情報」も巷に溢れています。さらには、「三次情報」の中でも、曲解の域まで達する〝極論〟的な情報もあり、究極的には人を欺《あざむ》くためにつくり上げられた「フェイク」や「陰謀論」も渦巻いています。

自分が今眺めている「情報」が、これのどれに当たるのか、常に頭のどこかで意識しながらチェックする癖を身に付けておきたいものです。

なにも「一次情報」以外は収集する価値のない情報だというつもりはありません。個人のブログやSNSにだって、重要なヒントや情報は隠れているでしょう。ただし、そういう場合はあくまで一次情報、二次情報よりも信頼性、信用性が低いことを理解したうえで、収集するべきです。

実はこうした手法は裁判の手続きに使われているのです。

裁判の世界では「情報」「証拠」は非常に大切なものとして扱われます。ただし、裁判の行方を左右しかねない大切なものであるがゆえに、その信頼性も厳しくチェックされ、格付けされます。

「誰がこの資料をつくったのか」という作成名義がしっかりと探求されますし、「○○さんがこう言っていた」という又聞きに関しては伝聞証拠として、ある程度信頼性の低いものとして扱われます。文書にしても、直筆の手紙なのか、メールの文章なのか、さらにそのメールをコピーしたものなのかによって、信頼度は大きく変わってきます。

とはいえ、「信頼度が高い」とお墨付きの情報しか目にしない、耳にしないという態度を貫いてしまうと、それはそれで別の意味で情報弱者となってしまいかねません。真偽のほどは確かではないけれど、巷にまことしやかに流れている噂《うわさ》や、若者の間で盛り上がっている都市伝説、高齢者が信じやすいネタなど、あらゆるランクの〝情報〟を知っておくことは、「持論」を展開する人にとっては大切な態度でもあります。

ただ、ミイラ取りがミイラになることだけは避けなくてはいけません。「持論」形成のために必要だからと集めた情報に飲み込まれて、自分自身が根拠のない〝トンデモ持論〟を振りかざす人間にならないように気を付けなくてはなりません。

つまり「情報リテラシーが高い人」というのは、誤った情報は一切取らず、常に正しい情報のみをキャッチする人のことではなく、「無限にある情報を、信頼度に応じてランク分けして正しく整理できる人」のことなのです。裁判ほどの厳密さは要求されないとはいえ、日頃から受け取る膨大な「情報」がどのランクの信頼度なのか、ある程度分類して持論形成に役立てていく心掛けが必要なのです。

自らが「フェイクの拡散者」にならないために

「情報のランク分け」ができるメリットは、単に信頼度の高い情報を積み重ねることができるだけにとどまりません。自分の信用度にも大きく関わってきます。

例えば、ある人が不祥事で追及されているとします。自分はその不祥事をさらに裏付けるようなある〝証拠〟を手に入れたとします。

でも、もしその〝証拠〟がフェイクだったとしたら？

その追及は、ブーメランとなって自分自身を傷つける刃と化すかもしれません。

そのような場合、「〇〇さん、こちらはこんな証拠を持っているんですよ！」と振りかざすことこそが、わが身を亡ぼす墓穴となってしまうわけですから、当然、表現の仕方には配慮するようになりますよね。

きちんと「情報のランク分け」ができる人ならば、今、手中にある相手を追いつめるであろう〝証拠〟であっても、その信頼度に応じて、いざとなればこちらの逃げ道もきちんと残したうえで、相手を追及する方法を採ることができるでしょう。

「今、私の手にはある〝証拠〟とされるものが握られています。しかし、真偽のほどが分からない。だから、本人であるあなたに確認させてください。この証拠は本物ですか」という追及の仕方もあるでしょう。こういう聞き方をしておけば、その証拠がフェイクであったとしても「やはり偽物でしたか、すみませんでした」と謝って逃げることもできるでしょう。でもそのひと手間を省いてしまったら……。「出所がわからない〝証拠〟に踊らされてしまった愚か者」としてのレッテルを貼られ、自らを傷つけてしまうことにつながります。

これはブログを書く、コメントをする、誰かに話す、記事を書く、レポートを提出する、あらゆる情報発信行為で活用することができる方法です。情報化社会では、誰もが悪意を持つことなく、「フェイク情報」の発信者、伝聞者となり得てしまいます。

誤った情報を拡散する担い手とならないように、「情報の信頼度」を常にチェックし、信頼度が低い場合は、いかに美味《おい》しい情報でも使うことは避けておく。万が一、使わなくてはならない場合は、きちんと「信頼度が低い情報である」ことを注釈したうえで利用することが、フェイク情報の拡散者にならないための防御法です。人間は「自分に都合の良い情報を信頼する」という癖があります。それは自分自身も例外ではないことを忘れないでください。

「新聞と対話する」五大紙クリッピング法

様々な信頼度ランクの「情報」がある中で、何はともあれチェックすべき「情報」があります。それが「新聞」の情報です。情報はいまや世の中の至る所に溢れていますし、スマホでもサッとチェックすることができます。しかしだからこそ、紙の新聞をしっかり読みこむことの大切さを、僕はここで改めて皆さんにお伝えしたいと思います。

まず新聞の情報は、不正確なものや、中には記者の主観に影響されているものもありますが、巷に溢れている情報に比べて裏付けがとれているものが基本です。そのような意味で他の情報と比べて信頼度の高い情報に位置づけることができます。

僕は毎朝、五大紙を読みこむことを日課にしています。朝日新聞・読売新聞・毎日新聞・日本経済新聞・産経新聞ですが、これらをすべて読んでいきます。もちろん隅《すみ》から隅まで丹念に読みこめば相当な時間もかかりますが、新聞も慣れてくると読みこむコツを習得することができます。

「新聞を読む」くらいなら自分もやっているよ、という人は多いと思います。ただ、肝心なのは「読んで終わり」にしないこと。「新聞」とは、大きく言えば「世の中の人々（マス）の意見はどういうものか」を確認できる媒体でもあります。つまり、「新聞」を「ふんふん、なるほど」と読むだけでは、単にマスの意見のリサーチをして満足してしまったことにほかなりません。それでは単なる「情報」の蓄積でしかないわけです。

「持論」とは、世論と自分の考えの「ズレ」を認識した上で「それでも、自分はこう考える」という思考です。つまり新聞を読む際も、「自分も同感！」の箇所を確認するだけではなく、「これは本当か？」「自分はそうは思わないけれど」という「ズレ」を発見する方にこそ、より意識を割《さ》くべきなのです。

自分と異なる意見、文章を見つけた際は、その記事の横に自分の意見＝「持論」を書き込んでいく作業を、僕は20代の頃から毎日続けています。ゆえに、いまだに紙の新聞を愛用しています。

紙の新聞の利点は、記事の重要性について、新聞社のプロの編集者がランク付けをしてくれていることです。見出しの大きい記事、小さい記事、その記事の位置、配列の仕方から、どれが重要度が高く、どれが低いのかが一目瞭然です。

デジタル新聞は、すべての記事スレッドが同一に羅列されているので、僕にとっては非常に見にくい。出張の際に紙の新聞が手に入らずデジタル新聞を利用する場合にも、紙面ビューアという機能を用いて、紙の新聞と同じ画面で記事をチェックしています。

紙の新聞の見出しをざっと見ながら気になる記事を破っていきます。そのように五紙に目を通して、次は、五紙分の破った記事にじっくりと目を通し、気になるものには自分のコメントを書いていきます。

今、僕のカバンに入っているクリアファイルを開けてみると、「日米の安全保障論」や「死刑制度」などの記事について、自分の意見を書きなぐっているものが結構な量出てきます。

「ウイグルの人権問題」の記事も出てきました。22年9月に国連の人権高等弁務官事務所が、中国の新疆ウイグル自治区の人権状況について報告書を出しましたが、それにまつわる記事です。記事では、いわゆる〝右派、保守〟とされている知識人が、中国の人権侵害は許されないと非難していました。

この記事によって僕の持論工場が稼働したのは、そうした知識人は、こと自国の慰安婦問題となると、コロリと立場を反転させることについてでした。同じく国連の人権委員会が出した報告書なのに、かたや中国の人権侵害を指摘する報告書は「真」として扱い、旧日本陸軍の人権侵害を指摘する報告書は「偽」だと評価する都合のよさに、僕はざらつきを感じました。ゆえにその点をこの記事の欄外にコメント書きしています。

もっとも慰安婦問題は非常にセンシティブな問題です。この問題に関して「持論」を展開することは、各方面から集中砲火を浴びることも想定され、そういうテーマに関しては「持論」が自分の好むネット情報だけを引用した浅く薄いものでは、すぐに社会的に抹殺されてしまいます。ですから、あらゆる角度から持論を固め、どんな批判にも耐えられるものにするために、関連する記事を見た際は、丹念に思考を展開して、持論を書いて持ち歩いているのです。

おそらく、「持論」を形成していきたいと願う人々は、内から湧き起こる「興味のあるテーマ」をいくつも抱えているはずです。あるいは今はまだそういうテーマが見つからないという人も、「インプット」&「アウトプット」を重ねていく過程で、何となく気になるテーマが出てくるはずです。

それは大学で学んできた分野や、今の仕事に関係するジャンルかもしれません。そうした自分の強みのテーマをいくつか持っておくと、新聞を読んだ際に、記事の意見と自分のそれのズレを認識することができます。そのズレを埋め合わせたり、さらにズレを強化することで持論が固まっていき、ゆるぎない自分の軸が鍛えられていくはずです。

あえて異なる意見に飛び込み、違いを楽しむ

「新聞」を読んで気になった箇所は、まずその記事を破り割き、欄外にボールペンで「持論」を書きなぐります。そうした記事の切り抜きは、そのままクリアファイルに入れてカバンに入れています。きちんとスクラップブックにするなどの整理はしません。だから僕のカバンを開くと、僕がいろんな有識者にかみついて「持論」を書き込んだ、ちぎり記事がドバっと出てきます（笑）。

そうしたちぎり記事の束は、時間のあるときや、気になったときにパラパラと目を通し、持論としてすでに自分の血肉になったなと感じたものは捨てていきます。

他方、まだ自分のなかで深く納得できていない、モヤモヤと落ち着かず「持論」にまで昇華していないものは、そのまま持ち歩き続けます。するとある日、まったく別の記事から、「わかった！」「あれはこういうことだ」と、自分なりの「解」がもたらされることがあります。

これは「新聞」に限った話ではなく、人から聞いた話、ニュースで聞きかじった話、日常のどこかで脳裏に刺さった「情報」も同様で、できるだけそうした「未解決ファイル」を自分の中にためて熟成させておくことが大切です。ひょんなことから解を見つけることができ、それが強力な持論になることが多い。

それで思い出したのが、再び石原慎太郎さんです。石原さんと僕は、意見がぶつかることもしばしばありましたが、自分なりの「持論」を大切にしているという点で、石原さんも僕に個性を感じてくれたところがあったのでしょう。折に触れ呼び出されたり、こちらから訪ねていったりして、お酒を飲んだり、会話を楽しんだりしたものです。

そんな石原さんの態度で晩年までシンプルに、すごいなぁと感心したのが、会話の途中で何か気になることがあれば、すぐにメモを取り出して書きつけるその習慣でした。

実は、石原さんが亡くなる直前にも、僕は石原さんのご自宅にお邪魔していました。その日も、「プリン食べるか？」とデザートを頂きながら、いろいろな雑談をしていたのですが、何の話の続きだったか、映画『アラビアのロレンス』の話になりました。

「石原さん、今の時代は何でもかんでもスピードが速くなりましたね。あの映画で、ロレンスたちが砂漠の中をラクダに乗って延々と行列していくシーンがあるでしょう。僕なんかはそういうものかと思ってじっと眺めているんだけど、僕の子どもなんかは、もうあのシーンが耐えられないらしいんですよ。早送りしながら観ちゃってるんですよ」

と僕が言ったら、ゲラゲラと笑われながら、そのことをメモされていました。

「そうかぁ、あの時間はあれが見どころなのにな。それが早送りか。これは重要な文明論になるな」と感心しながら。

最後の最後まで、石原さんは自分と異なる感性、意見を面白がり、評価される方だったんです。そこが他の人とは違う、強烈な個性をかたちづくる原動力となっていたのだと思います。

欧米は「ズレを浮かび上がらせる」教育をしている

日本の公的教育は、周囲との「ズレ」を生まないための修正ノウハウであることが多いと僕は感じています。周囲から飛び出しすぎぬよう、落ちこぼれないよう、みんな同じ教科書で、極めて平均的な学力を求め、皆一緒に仲良く協力して学んでいくという感覚です。

一方、欧米を中心とした教育は、「ズレ」を浮かび上がらせるための教育と言えるのではないでしょうか。学校は基礎的学力を身に付ける場であると同時に、その子の個性や持論を徹底して鍛えるための場でもあります。

例えば大学。日本では、高等教育機関である大学でさえも、膨大な知識を説明するだけの授業に終始しがちです。先生はどこまで行っても「教える側」で、生徒は徹頭徹尾「教わる側」という構図のもとの一斉授業が多い。

かたやオックスフォードやハーバード、スタンフォードなど欧米を代表する大学では、「議論」「ディスカッション」がメインとなっています。身に付けるべき膨大な知識はほとんどが自習で予習してくるべきことであり、わざわざ大学という教育の場で教授が教えるようなことではありません。だから彼らの「予習」は壮絶です。一つの単位に必要な分厚い本を常に二、三冊読むことが事前に定められ、それをしっかり読みこむのはもちろんのこと、その上でどんな「持論」を構築したかが、授業では問われます。

法学の授業でも、前提知識となる膨大な学説・判例はすべて予習がお約束。授業では、都度のテーマに沿って、各人が予習で得た学説・判例という情報を駆使し、それを組み立て「持論」を戦わせます。教授の役割とは、各生徒の「持論」を精査すること、そのうえで彼らの「ズレ」を伸ばしたり、修正したりといった作業をすることです。

最近の日本の中学校、高校では欧米の大学への進学に必要になる国際バカロレアプログラムを導入する学校が増えてきましたが、これなども日本と欧米の両教育文化の違いをまざまざ感じさせてくれます。

日本の高校の歴史の授業では、相変わらず「○○年に、△△が××しました。これは重要で試験に出るので、皆さんよく覚えていてくださいね」などとやっているのに対し、国際バカロレアプログラムの授業では、分厚い歴史書を自宅で読ませておき、授業では「持論」の訓練です。例えば、クラスメートを第一次世界大戦時の各国大使（ドイツ・イギリス・フランス・日本など）役に分け、「それぞれの自国の立場に立ち、戦争回避のための議論をせよ」というような授業をしている。しかも中学校の歴史の授業で、です。各国大使の役割を演じようとすれば、自国の歴史以外にも、他国の歴史や当時の国際情勢の知識も入っていなくてはなりません。ひたすら機械的に年号やら人名やらを辞書のごとく覚え続けている日本人と、幼少段階から持論構築の訓練を受けている欧米人では、長じて国際舞台やビジネスの舞台に出た時の「持論」の戦いにおいて決定的な優劣がついてしまうのは自明のことでしょう。このような教育は、欧米に限らず、中国やシンガポールなどでも導入され始めてきました。

彼ら彼女らは「みんな同じ」ことが何の価値も生まないこと、「ズレ」こそが存在価値、付加価値、個性となることを、子どもの頃から肌身に沁《し》みて分かっているのです。

持論を語るためには「前提知識」も必要

ただ、日本式の暗記型勉強、いわゆる「詰め込み式」が必ずしも悪いとも限りません。たしかにひたすら歴史の年号を覚えるだけ、単語を覚えるだけの暗記型学習だけでは、「持論」形成には結び付きません。

とはいえ、持論構築のためにはその前提となる知識・情報が必要なことも確かです。

今は、グーグル検索などがあるので、僕が育った昭和時代のようにすべてを暗記する必要はありません。せめてグーグル検索で適切な情報収集ができるほどの前提知識・情報は頭に入れておく必要があります。前提知識・情報の有無は、同じグーグル検索をするにしても、うまい検索とダメな検索に分かれてくるのです。

つまり、従来の「詰め込み式」の暗記型勉強も、ある程度までは必要です。ニュースを見るにしろ、新聞を読むにしろ、持論を語るにしろ、基礎となる学力や一定の知識・情報は必要です。ネット検索をするにしても、基礎学力がなければ、何を検索キーワードに入れていいのかもわかりません。前章で、安倍元首相の国葬論議に関して、僕は自分なりの「持論」を展開しましたが、この時の持論構築に役立ったのが、実はイギリスの歴史でした。

日本とイギリスは歴史と伝統に基づく国王と天皇を国の象徴とする点において共通しています。そうであれば政治のトップである日本の首相の「国葬」を考えるにあたってはイギリスにおける国葬とはどのようなものか、首相はどのような条件下で「国葬」になるのかを調べるべきことに気付きます。

まずイギリスの君主制の歴史、国王の位置付けを調べ直し、国家を象徴する国葬がどのような儀式で行われ、それは国家においてどのように位置付けられているのかの情報収集をしました。かつて読んだ古典ウォルター・バジョットの『イギリス憲政論』をめくり、もちろんネット検索もフル稼働しました。そこで得た知識・情報を組み立てて、安倍元首相の国葬に関する持論を構築したのです。

ただし、イギリスの国葬と比較しようとした着眼点は、かつて暗記したイギリスの歴史の知識や、当時は完全に理解することができなかったものの、古典を読んでいたことによって生まれたものだと感じています。

ちなみに、僕はネットフリックスで配信された「ザ・クラウン」というエリザベス女王治世を描いたドラマにはまってしまいました。一話約60分のコンテンツが現在50話ほどあり、まだ続いています。女王家族やバッキンガム宮殿の実情を赤裸々に描き、実際の出来事と見事にリンクさせています。

あまりにもリアリティが高すぎて、イギリスの文化相がネットフリックスに対し、「このドラマはフィクションである」と明確に示すよう求めたほど。でも僕はほぼノンフィクションの史実そのものだと受け取ってしまっています。特に女王・宮殿とイギリス政治との関係、女王と時の首相との関係の描写が秀逸です。これが立憲君主制というものかと唸《うな》ってしまいました。このドラマを見て、これほどの面白みと感動を得たのは、先ほど示した古典『イギリス憲政論』から得た知識があってのことでした。当時はよく理解できていなかった『イギリス憲政論』の中身が、「ザ・クラウン」というドラマを見ることによって自分でも驚くほど消化できました。そして持論の構築に強烈に役立ちました。知識・情報の化学反応です。

しかし、これらは学生時代の「詰め込み」学習が一定あったから生まれたものです。基礎となる知識や情報がまったく頭の中になければ、より深く体系だった勉強をすることもできません。昨今では、「主体的な学び」や「アクティブラーニング」などの重要性が語られ、ネット検索があるから暗記はまったく不要だと学生たちが言っている姿も目にしますが、持論を構築する上での土台となる知識・情報は、しっかり頭の中に入れておくことが相変わらず大切だと思います。

知識の閾値を飛び超えろ

先ほど述べた知識・情報の化学反応というものについてもう少し詳細に論じます。

僕がハマったネットフリックスのドラマ「ザ・クラウン」からは、知っているようで知らなかったイギリスの豆知識をたくさん得ることができました。そして回を重ねるごとに、「実はイギリスの立憲君主制について、自分は深いところまで知っていない」ことに気づき、ここはしっかり勉強しておこうと、かつて読んだ古典『イギリス憲政論』をペラペラとめくり始めました。

そうすると『イギリス憲政論』で語られていることの理解が頭の中でどんどん進み、憲政論でのバジョットの論に対しても、ここは違う、ここはこう考えるべきだと持論を展開できるようになりました。まさにバジョットと議論をしているような感覚です。バジョットの文章には直接書かれていないけれど、その真意はこうだろうという推察もできるようになりました。行間を読むというやつですね。それは「ザ・クラウン」における女王と首相の息遣いまでわかるやり取りが、僕の頭の中で『イギリス憲政論』と完全にリンクしたからなのです。１＋１＝２の感覚ではなく、１＋１＝１万の衝撃です。

「勉強」「知識」にも深度があります。いわゆる学校のお勉強として年号や人名、出来事の内容を身に付けるのが第一ステップだとすれば、それを本当の意味で理解するのが第二ステップ、そして続く第三ステップとして、得ている知識同士が化学反応を起こして一気に知識・情報が膨れ上がり、個性ある「持論」を構築できる段階がやってきます。

この「知識」の進度を深める過程にワープはありません。第一ステップや第二ステップをワープして、一気に第三ステップに飛躍することはできないのです。九九を知らずして方程式を使いこなすこともできないし、三権分立の基礎を知らずして日本国憲法を語ることもできません。

だから「詰め込み式の暗記」は一切不要などとは、僕は口が裂けても言えません。知識の習得には「閾値」というものが存在しており、前提となる最低レベルの知識・情報がその閾値を超えないことには「持論」も何もあったものではないからです。

「持論」というと、「周囲の耳目を惹きつけるちょっと突飛な意見」という印象をお持ちの方もいるかもしれませんが、「誰もが知っているオーソドックスな知識」を前提にしているのです。

情報は「指数関数的」に増えていく

最初に新聞を読みだした頃は、なかなか素早く読めずにイライラするものです。就職活動を意識し始めた大学生頃から、本格的に新聞を読み始める若者は多いですが、最初は一紙を読み込むだけでも、2時間、いやそれ以上かかるのが普通です。

しかし、そのうち読むスピードがだんだん速くなってきます。最初は何を言っているのかさっぱりわからなかった記事が、数か月後の出来事や他国の現象の記事と結びつき、「こういうことだったのか」と脳内のシナプスが結びつき始めるのです。

知識や情報の積み重ねの成果は、正比例グラフを描きません。ある地点までは非常にノロノロと低空飛行を更新し、「本当にこんなに毎日、新聞を読んで何になるんだろう？」と、半ば自暴自棄になりかけた頃、グンと一気にグラフが上向き始めるのです。先ほど話した古典『イギリス憲政論』とドラマ「ザ・クラウン」の化学反応がまさにそうです。

僕は大学時代からこの新聞読みを始め、20代、30代を通じて地道に行ってきました。だからこそ、ラジオやテレビなどで「持論」が求められる場に放り込まれても、何とかやってこられたわけです。30代後半から40代半ばの政治家という新たなステージでも、「持論」形成とその勉強法は変わりませんでした。ですから大阪府知事、大阪市長として府庁、市役所をなんとかマネジメントできたと自負しています。役所というのは、その道のプロである優秀な職員がわんさかいる職場です。生半可な知識や勉強法では、

「あいつは偉そうな顔をして、何もわかっていない」とすぐに批判を受けるでしょう。政治家になってから、「さあ、勉強を始めよう」ではまったく間に合わず、役所の職員たちは僕についていてきてくれなかったと思います。

自分の人生経験からすると10代の頃は、勉強の土台づくりのための基礎的「知識」を積み上げることを怠らず、20代になったら「持論」形成のための勉強を開始する。30代は課題解決という視点のもとに、理想と現実の「ズレ」を見つけて、それを改善するための「持論」を培っていくことが理想のプロセスです。

しかし僕も10代の頃はそこまで意識していませんでした。今になって分かったことです。皆さんもそうだと思います。だからこそ後悔をしないためにも、今からでも遅くはないので、持論形成のためにこれまで怠ってきたことがあるなら、すぐに挽回に取り掛かってもらいたいものです。

法律を勉強している大学生の息子は、勉強し始めの頃は「法律って何だかさっぱり分からない」とぼやいていたのが、先日、ある程度の法律の知識が積み重なってきたのでしょうか、「最近、面白くなってきた」と語っていました。彼とて日々、膨大な勉強をしているわけで、知識量だけでいったら結構な量になっているはずです。ただ、それでも積み重ねた知識Ａ・Ｂ・Ｃがパッと結びつく瞬間というのは、やはり知識の閾値を超えなければ訪れません。

「ああ、あの時に読んだあの判例は、この事例にも関係してくるのか」という目からうろこ的な瞬間は、日々の地道な勉強を積み重ねた後に生まれることを、息子は理解したようです。

「１万得た学び」のうち、使えるのはたった１つ

本章では「情報をインプット」し、「持論をアウトプット」する方法論を見てきました。最後に付け加えておきたいのは、日々苦労して勉強をして学んでも、そこで得た知識・情報が１００％すべて何かに生きる、すべてが持論形成に役立つということにはならないということです。非常に感覚的な喩《たと》えになってしまいますが、必死で学んで１万の知識を得たとします。実際に使えるのは、その中の１くらいのものでしょうか。

そう言うと「えっ！　１万学んで、たったの１しか使えないんですか」と、よく驚かれます。たしかに気の遠くなるような話ですが、しかし、知識・情報の閾値を超え始めた瞬間、知識・情報が結びつき始め、使える知識・情報は爆発的に増えていくのです。

ですから、閾値を超えると、1万や10万の知識・情報などあっという間に蓄積されていきます。

このように知識・情報は閾値を超えると加速度的に増えていきます。そうなると使える知識・情報や「持論としてのアウトプット」量も当然加速度的に増えていきますよね。当初はたった1個の持論だったのが、10個、100個と増えていく。持論の対象範囲もどんどん広がってくるでしょう。たとえば当初は日本の経済だけの持論が、アジア圏内に広がり、やがて欧州やアメリカ・ロシアも含めたグローバルな経済圏域まで知見が広がっていくでしょう。そうなると政治・文化もすべて密接にかかわってきますから、気づけば経済、政治、文化、国際情勢などあらゆる場面で、自分なりの見解、「持論」が形成されてくるのです。

今、社会人の学び直しや、リカレント教育の重要性が語られています。それはそれでとても大切なことですし、何か明確な目的のために勉強することも、僕はとても重要だと思います。「1年後、あのジャンルに転職したいから、今この勉強をしておこう」という明確なゴールは、モチベーションも持続しやすい。しかし、同時に、「今は何に役立つか分からない学び」も、長い人生には大切だと思っています。

僕が弁護士としての活動からスタートし、やがてラジオやテレビに出るようになり、政治家として挑戦するに至った経緯はすでにお話ししました。誰もが政治家になりたいわけではないですし、コメンテーターになる必要もありません。

ただし、チャンスがきた時に、その前髪を捕まえられるのは準備をしていた者だけです。「これやってみない？」と絶好の機会を提示されたときに、「では勉強を始めます」では遅いのです。チャンスに後ろ髪はありません。

この本を読まれているあなたの中にも、すでに「ズレ」の種は芽生えているはずです。

会社と自分のズレ、社会と自分のズレ、日本と世界のズレ……。そうした「ズレ」は、ビジネスの種でもあります。世の中の人が求めていることと、現状の間に「ズレ」がある。その差を埋めるサービスなり商品なりを提供できれば、それが付加価値となり価格がついていくのです。

「本当はこんな便利なサービスがあったらいいな」
「こういう生活をしたいな」
「日々のこういう困りごとを解決してくれる製品があればいいんだけど」

そうした「ズレ」こそが、社会のニーズであり、問題解決の糸口となるわけです。

ニーズに的確に応える製品やサービスを生み出すためにも、この「ズレ」を見つける力、そしてその「ズレ」を解決できるような「持論」を養ってください。「持論」形成の力は、あなた個人の人生を成功に導くだけでなく、今、停滞感を味わっている日本社会の壁を打ち破り、ブレイクスルーを起こすことにつながるでしょう。

個性＝「持論の特徴性×知識・情報量」

これからの時代は個性がより強く問われる時代です。個性こそが人生を豊かにする武器となります。そしてこの個性は持論によって培われることをこれまで述べてきました。

この個性の光の強さは、「持論の特徴性×知識・情報量」のかけ算で決まります。「かけ算」であるところがミソなのです。

知識・情報量が１００万あっても、持論の特徴が０であれば、個性の光は０。いくら知識・情報量の拡大だけを目指しても持論の特徴がなければ所詮グーグルに勝つことはできないということです。

逆に持論の強烈な特徴が1万あっても、知識・情報量が０であれば個性の光は０。特徴の際立ちだけで勝負すれば、一瞬は目立って注目されるかもしれませんが、すぐに風変わりな人扱いされて終わってしまいます。

持論の特徴性と知識・情報量の「かけ算」。

持論の特徴性と知識・情報量を増やしていくのは、地道な努力が必要になってきます。その過程はしんどく、つらい状況もあるでしょうし、結果がなかなか感じられないこともあるでしょう。

それは１×１や１×１００の状態です。

往々にして持論の特徴が弱く、知識・情報量だけを増やすことに必死になっているときが多い。つまり受験勉強状態です。知識・情報量を増やすことは分かりやすいけど、面白みがない。その上で個性の光を感じられない。

ところが持論の特徴が強くなり、それが10に、１００になれば、あとは知識・情報量との「かけ算」です。

面白いように個性は倍々ゲームで光っていくのです。

持論を鍛えることこそが、人生を豊かにするための最上の武器なのです。

第5章

組織を生き抜き、チームを活かす極意

――「見えない掟」を見抜く

子ども時代の喧嘩から学んだこと

本章では、学校・会社といった組織の中で、どう人間関係のバランスを取るかについて、お話しししたいと思います。

これからの人生で、ある組織に属して生きる、あるいは、自らがリーダーとなり組織を率いることもあるでしょう。組織から離れてフリーランスとなっても、それは今まで以上に様々な組織と関わることでもあります。

第2章で、人間関係は「ドライとウェットのバランス」が大切だとお話ししました。もちろんその方向性は変わりませんが、組織における人間関係とうまく付き合うには、何より「組織の見えない掟」を見抜くことです。

今から16年前の2007年、僕は思春期の子どもたちに向けた一冊の本を出版しました。『どうして君は友だちがいないのか』（河出書房新社）という本です。ちょうど弁護士兼テレビのコメンテーターとして仕事をしていた頃のことです。

東京で生まれた僕が、小学生時代に大阪に転校したこと、それが大きな転機となったことはその本の「はじめに」で述べた通りです。小学6年生時代の転校先では、文化・

言語・環境に関して東京と大阪の差異に大いにカルチャーショックを受けた僕は、転校初日にいきなり殴り合いの喧嘩となりました。

転校先の学校は特に〝荒れている〟ことで有名でした。同時期に僕を含めて3人転校してきた仲間のうち、僕以外の2人はさっさと再び転校していき、残された僕だけが〝新参者〟として、友達関係に揉まれる日々が始まったのです。通りすがりに因縁をつけられたり、通学路で後ろから飛び蹴りされたりすることは日常茶飯事でした。

当然、僕もきっちりやり返していました。いわゆる反撃力というやつです。これがなければ相手から好き勝手にやられ放題ですから。

当時の小学生は今よりずっとやんちゃでしたからね。昭和の時代は、多くの男子がリアルな喧嘩を経験してきたはずで、僕自身も、そんな日々から人間関係について学んだことも多かったです。

ただ、大人になれば「あの時の大変さも学びになった」と思えることも、子ども時代には結構しんどいものがあります。思春期真っ盛りの頃は、ただでさえ自我の確立に悶々《もんもん》とするのに、そこに友達との摩擦が加われば悩むし、心に傷を負ってしまう子だっているでしょう。最悪の場合、命を絶つ……という選択をしてしまう子も、いまだに後を絶ちません。
幸い、僕はそこまでいく前に、なんとかこの状況を乗り切ってやろうと、いろいろと試行錯誤しました。時には「ドラえもん」に出てくるスネ夫のように、強い者の傘下に下ることもあったし、そもそもこんな状況は永遠に続くものではないと気づくこともできました。

『どうして君は友だちがいないのか』は、その当時得た、学校という組織の中で生き延びる知恵を、若い子たちに伝えたいと思って書いた本です。

その後、弁護士になった僕は、特に初期の頃は非行少年たちの事件を受け持つことも多く、学校をドロップアウトしてしまった彼らの姿に、当時の自分や同級生の姿を重ね合わせていたものです。過去の体験からも、なんとか青少年の時期特有の「集団に翻弄される」事態から、悩める若者を救い出したかったのです。

実際、子どもの頃は学校が世界のすべてと思いがちですが、現実には、そんな人間関係もいつか終わりがきます。その時期をかいくぐり、心と体を傷つけることなく、どうか無事に大人になってほしい。大人になれば、その時のしんどい経験すら処世術の武器になることだってあるんだよと、子どもたちに伝えたかったのです。

個人が組織を介さず、社会と直接つながる時代になった

しかし、本を書いた時から16年経ち、当時38歳だった僕も、今年54歳になります。当時書いた本を読みかえすと、また別の感慨も湧いてきます。本を書いた頃と、今では、自分の内面にも変化がありましたし、なによりも日本社会のありかたも随分と変わりました。

何が一番大きく変わったか。当時は「組織に属して生きる」ことが多くの人の人生の大前提だった時代でしたが、今は組織に属さずとも生きていけるチャンスが大幅に増えたということです。

いまや学校は絶対に通わなくてはならない場所ではなく、学び自体はフリースクールやホームスクーリング、留学やオンライン教育などの様々な選択肢が充実しています。大学卒業後も、会社という組織に属さず、自ら起業したりフリーランスになったり、ＹｏｕＴｕｂｅｒやブロガーになり、収入を得ていく人だってたくさん存在します。日本を飛び出して海外で勝負する人たちも増えました。そうなれば、「組織」と「個人」の関係性も変わってきます。

16年前、非行に走る子どもたちを見ていた僕は、「できる限り学校から出てしまわないで」というメッセージを子どもたちに向けて発信していました。もちろん、自殺するくらいなら逃げ出してもいい、学校がすべてでも正義でもありません。

ただ、逃げ出した先に待っているのはさらなる孤独です。不登校から何十年も続くひきこもり状態に陥ってしまう人や、あるいはより犯罪に近い非行グループに入ってしまったりする子も何人も見てきました。学校という組織を離れても、より良い未来が待っていることは非常に少なかった。少々つらいことがあったとしても、長いものに巻かれろ精神を駆使し、人間関係を巧みに泳ぎながら、学校という居場所を確保しておいてほしかった。

でも、そんな状況も時代と共に変わりました。現代は、個人が組織を介さず、直接社会とコミットできる時代になりました。SNSを介して自由に自分の意見を発信し、歌やダンスなど得意な分野で動画を配信し、自分の居場所を確保できる若者も増えました。外から見たらひきこもっているような状態でも、本人は自分なりの学びや仕事の術《すべ》を得る人もたくさん出てきました。

こうした世の中では、求められる「スキル」も変わってきます。かつてなら組織の中で生き延びるために、時には息をひそめて自分を守るために、スネ夫のように、ちょっとズル賢いけれども、権力（ジャイアン）に逆らわずに生きる術も有効でしたが、今はむしろこれまでに述べてきたような、世間と自分のズレを認識し、可視化し、「持論」を固めるスキルのほうが求められます。

それでも組織の「見えない掟」を読み解く力は必要

ただ、ここで強調しておきたいのは、それでも組織の「見えない掟」を読み解く力はあったほうがいいということです。僕が『どうして君は友だちがいないのか』で14歳に向けて訴えたのは、次の三つです。

1. 組織には「見えない掟」が存在すること
2. 「見えない掟」には絶対的なルールはないこと
3. 「見えない掟」に翻弄されていても、いつかその状態に終わりがくること

クラスには常にリーダー格の人物が存在し、末端には皆からいじられる少数の人たちがいたはずです。そしてその間には、そんなクラスの構図を見て見ぬふりするマジョリティがいたはずです。

僕が通っていた学校は特に〝荒れた〟学校だったこともあり、そのリーダーと子分、いじめる側といじめられる側の構図は数か月ごとに起こる下克上によって常にシャッフルされていました。中学1年生の頃にいじめっ子として君臨していたはずの少年が、なぜか2年になる頃にはいじめられる側に入れ替わっていたり、反対に2学期までいじめられていた子が、なぜか3学期になると突如いじめられなくなっていたり……。

正直、学校という集団組織の場で、絶対のルールなどは存在しません。極めて曖昧模糊《あいまいもこ》とした「なんとなく」の感覚で、いじめる子、いじめられる子、無事な子、そうでない子が混然一体となり同居しているのです。

「なんとなく話し方がイライラする」「なんとなく偉そう」「なんとなく自分がかっこいいと思ってそう」などの、本当にどうでもいい理由で、ある日、急にいじめられるようになる。あるいは突然その関係性が解除されたりする。

きっかけなど思い出せないほど些細《ささい》なもので、しかしそんな「見えない掟」に皆が翻弄されていました。そんな関係に「なぜ僕だけが（私だけが）……」と思い悩むだけ無駄というものです。だってルールなんて存在しないも同然なのですから、攻略しようもありません。

よく「いじめられる側にも問題がある」という表現も聞きますが、それも甚《はなは》だ疑問です。

例えば僕の場合は、大阪での小学６年生時代には友達関係で摩擦を生じましたが、学校外の場でたまたま出会った中学生グループと仲良くなったことで、急に力関係に変化が生じました。

計算したわけでも、意図して中学生グループに取り入ったわけでもありません。本当に偶然、通っていた銭湯で仲良くなった中学生が、たまたま僕の小学校出身で、やんちゃグループの上位に存在する立場だったらしく、誰が何を言うでもなく、急に小学校での友達関係の摩擦がストップしたのです。その時に気づきました。力のある者に与《くみ》するのも時には必要なのかもしれない、と。

その時の体験から、さらに荒れた中学に進学した僕は、学校一荒くれ者が集《つど》うとされていたラグビー部に入りました。どうせ荒れているなら、そのなかでダントツに荒れているグループに入ってそのグループの強さに守られるほうがいいだろう。もちろん荒れているグループの中で少々理不尽な使い走りなど嫌なことがあるかもしれない。それでもグループ外で荒くれの先輩たちに絡まれるよりマシだろう。まさに「比較優位」に基づく、より「マシな」選択をしたのです。

組織の中で一匹オオカミ的に生きるのは、相当の腕力や抜きんでた何かが必要です。そのような特別な能力が備わるまでは、組織の中の集団すなわち派閥の力を利用した方が、守られるべきところは守られると当時の僕は考えたわけです。

その考えは間違ってなかった。荒くれ連中の中で、僕は自分自身の立場を守ることができました。派閥Ａに属している人間に対して、派閥Ｂの人間、派閥Ｃの人間、ましてや派閥に属していない人間は、気軽に手を出すことはできません。派閥に属する一人にちょっかいでも出そうものなら、それはその派閥全体に喧嘩を挑んだも同じことになるからです。集団的自衛権の論理です。

実際どこのクラブにも属さない帰宅部の友人は、道端で他のクラブの先輩格に出くわし、ちょっかいをかけられないように苦慮していました。いつもコソコソと帰宅ルートを計算していた様子を見ると、つくづくラグビー部に入ってよかったと感じたものです。

もっともラグビー部の中でのしごきも相当なものでした。先輩たちのパシリ扱いも人使いも荒かった。でも、そんな中でも先輩との心温まる交流もいくつかありました。

組織の「見えない掟」を見抜くフリーランスは強い

もちろん今お話ししたような中学時代の「組織」と、大人になってからの「組織」とは、質的に大きく異なります。小・中・高校時代には学校内での序列のルールもほとんどなきに等しいものでしたが、さすがに社会人ともなれば、序列は可視化されていきます。持っている知識や体験、コミュニケーション能力や営業力、企画力など、その人の優れた面、ダメな面はより明確に評価され、それにより組織内の序列も決まっていきます。

それでも、大人の世界でも序列がシャッフルされる下克上や、驚きの人事異動もあります。上層部のお気に入りとなるエースもいれば、やたらスネ夫的に情報通になる人もいます。中高時代とは比べ物にならないほど洗練された形で、組織の「見えない掟」は運営されていくわけです。

そんな大人の組織でどう振る舞えばいいいか。現代の僕はすでに必ずしも「組織」に属さなくても、個人として生きていくことができるようになりました。だから仮に組織に属したとしても組織の「見えない掟」が嫌だと感じれば、転職してもいいし、フリーランスとして生きていくこともできるでしょう。

ただ、そうであったとしても、やはり組織の「見えない掟」を把握する能力をできる限り磨いておいた方がいいと、今も僕は思っています。

「組織に頼らず、個人の力で生きていく」というと、「橋下は、人間関係は不要だと言っている」と思われるかもしれませんが、そうではありません。仙人のように山に一人籠もる生活を選ぶならいざ知らず、普通に人間社会で生きていく上では、どうしても他者から離れて生きていくことはできないからです。

会社組織の勤め人はもちろんのこと、個人事業主のフリーランスであっても、それは同じことで、むしろフリーランスのほうが、自ら広告塔になって宣伝し、多様な人と協働していかなくてはなりません。

自由気ままに見えるYouTuberだって、収録や編集に際して多くの人の手を借りているはずです。ドラマや映画で活躍する俳優や、バラエティ番組に登場するタレントも同様です。監督や脚本家、現場のスタッフや共演者、衣装さんやメイクさんなど、画面の表には出てこない大勢の人の働きが隠れています。つまり、毎日異なる「見えない掟」と接しているのです。

そこで「見えない掟」を察する努力をすることなく、自分勝手な流儀を貫いたらどうなるでしょうか。あなたが超売れっ子のタレントならいざ知らず、そうでなければ周囲の人は離れていき、いつの間にか仕事もなくなっていくのです。

例えば、上下関係が厳しい企業に、あなたが「新しい業務委託の人です」と連れてきた人が、あなたの上司に対して「よろしくでーす」などと口をきいたらどうなるか。あなたが「なんだ、あれは！」と上司から怒られますよね。

反対に上司も部下もファーストネームで呼び合うようなフランクなベンチャー企業に、年功序列バリバリの組織から転職してきたシニア層が、若者相手だからと上から目線で偉そうに振る舞ったりしたら、周囲はどう思うでしょうか。

郷に入ったら郷に従え。朱に交われば赤くなる。それが１００％完全な正解とは言いませんが、組織の「見えない掟」を理解したうえで自分の振る舞い方を決めるのと、そこをまったく読めずに自己流を押し通すのでは、結果はおのずと違ってくると思います。

「見えない掟」を見誤れば、能力は高くても失敗する

大阪府政や大阪市政に関わっていた頃、僕は民間からの外部人材を役所内に公募で登用することを広く行いました。優秀な人材が多数集まっている行政組織ですが、強固な役所の価値観にどっぷりつかってしまった人たちばかりの同質性の強い組織なので、民間では考えられないような非効率な作業が受け継がれていたり、民間の価値観からするとあり得ない決定が繰り返されたりしていました。

民間の企業ならとっくに倒産していたり、給与がカットされたりするような失政でも、公務員の世界はそうはなりません。日々の自分たちの努力や成果が、人事評価や給与査定に直結することのない世界では、貪欲にサービス向上を目指したり、市民からのフィードバックや率直な声を積極的に取りに行ったり、とはどうしてもなりにくい。その結果「公務員の常識は、世間の非常識」という事態に陥ってしまうのです。

そこを何とか打開したかったので、外部人材を大量に役所内に採り入れようとしました。役所に限らず、あらゆる組織にとって人材の流動性・多様性は欠かせません。入社したて、入庁したての頃には、「これはおかしい」「奇妙な慣習だ」「改善すべきでは」

と感じた人も、１年、２年、５年と無我夢中で仕事をしているうちに、「これが普通」の感覚に陥ります。その現状維持感を打破するには、先にも述べた「心理的安全性」の強く保証される組織になることが一番ですが、より手っ取り早い方法は、外部から人材を呼び、外部の価値観によって「おかしいことはおかしい」と言ってもらうことです。いわば即効的、強制的に「価値観の多様性」「視点の多様性」を作り出すのです。

ただし、ここには一つ注意も必要です。それは、その人材が組織の「見えない掟」をしっかり見抜くことができること、見抜いたうえで、その「掟」に従っている組織内部のメンバーの人格を全面否定しないこと、さらに組織内部のメンバーには敬意を持つ姿勢も必要です。

「見えない掟」とは、その組織と世間の間に横たわる「ズレ」でもあります。内部の人間にとっては〝常識〟、だけど外部の人間から見たら〝非常識〟。その「ズレ」が組織の停滞やボトルネックを生み出しているのですが、ただ、その「ズレ」を見抜いたとしても、「ここにズレがあるじゃないか、こんなことに従っているあなたたちはバカだ、間抜けだ」と組織内部のメンバーを侮辱するのは失敗の元です。外部から組織に参入した際、一番やってはいけないことは、「あなたたちのやり方は、時代遅れで、非常識で、非効率的で、最悪なもので、それに気付かず漫然と従っているあなたたちは無能ですよ」というメッセージを発することです。これは83ページの「持論」を述べる際のポイントのところでも述べたことですが、相手への敬意なき侮辱や嘲笑、頭からの否定は、もはや「持論」でも「改革」でもなく、完全な破壊活動です。

「公務員の常識」が、仮に「世間の非常識」であったとしても、それがただちに「不正義」「絶対悪」とはなりません。「常識」とは、その組織に属するマジョリティがなんとなく従っている「掟」のようなもので、組織体が10あれば、10の異なる常識があってもおかしくないものです。別の組織から来た人が、「この組織の常識は変だ」とがなり立てても、そのことだけで組織の常識が変わるものではありません。

物事に「絶対」はありません。例えば、日本文化の常識だって、アメリカ人やイタリア人からすれば、極めて奇異に見えるでしょう。「なんで会う人、会う人、ペコペコお辞儀しているんだ。そんなのは無駄で無意味だから、明日からお辞儀を廃せば生産性につながる」と言われても、「そうですね！」とすぐにお辞儀を止めるなどとは、日本人はならないはずです。

仮に役所のやり方が、民間から見て〝非常識〟と映ったとしても、職員たちは、自分なりに良かれと思ってやっていることも多いわけです。

外部人材を登用する際、成功例となるのは、組織の「見えない掟」を見抜いたうえで、「絶対にこれは変えなくてはいけない掟」と、「変えなくてもいい掟」の見極めができる人物です。おかしな「掟」に従っている組織内メンバーに対しても、しっかりと仕事をやっていることに敬意を持ち、おかしな掟についても、自分がすべてを変えるのではなく、組織内のメンバーたちとしっかり手を携《たずさ》えて、協働して変えていこうという姿勢を持つことが成功を導きます。

反対に、失敗する外部人材というのは、ことごとく自分のほうが絶対的に正しく、能力も富んでいると思い込んでいるケースです。役所に入ってくる民間人に非常に多い。要するに、組織内のメンバーを下に見てしまう。「俺に（私に）すべて従うべきだ」という姿勢は、周囲のモチベーションを下げるだけでなく、反感をも生んでしまいます。

「形だけの会議」に何の意味もない

僕自身も、ある意味、外部の民間から選挙を通じて、大阪府庁という役所に入り込んだ人間です。僕からすると「非常識」「非効率」と感じる場面は多々ありましたが、しかし、だからといって僕より以前からその職場で働き、僕が去った後も府政・市政の改善に努めていってくれる職員たちを頭からバカにしたり、嘲笑したりといった姿勢は絶対にとりませんでした。僕のやり方が絶対正しいとも、未来永劫「このやり方が正義」とも思いませんでした。

外部人材を登用する本来の目的は、外部人材のやり方にすべて変えることではありません。意見をぶつけあいながら「多様な価値観をミックスすること」です。これは役所や民間企業や学校現場などあらゆる「組織」で通ずることです。

ただし、次に浮かんでくるのは、「多様な意見をぶつけあいながら、どうやってミックスし、まとめるのか」という問題です。A案、B案、C案、D案があるのはいい。だけど、侃々諤々、多種多様な意見が飛び交うだけで、一向に結論が出ない……というのは避けなくてはいけません。かといってリーダーが、「僕はA案がベストだと思うから、皆さんよろしく」では、独裁です。

他方「話し合い」と称して全会一致の形を無理やりにとろうとするのも最悪です。大人数で集まり、しかし喋るのは司会者とお偉いさんだけ。すでに筋書きは決まっており、「これに異論のある方はいらっしゃいますか」と形だけ問いかけ、誰も異を唱えないため、無事、全会一致。本当に最悪ですね。

かといってシナリオ抜きで本気で議論すれば全会一致など途方もない時間がかかる。そもそも、議論のやり方の教育をあまり受けず、同時に「ウェットな人間関係」を重視する慣習も強い日本においては、周囲の「空気」を察して、空気を乱さないような忖度《そんたく》をするがゆえに、とことん議論しつくすことが苦手です。

その結果どうなるか。上層部は「全会一致で合意ができた」とホクホクで、しかし下の人間は、「今回も上が言うとおりになってしまった」と受動的です。とどのつまり現場は「やらされ仕事」を背負わされた感覚だけを味わい、自分事としての仕事に取り組めない。これは組織にとって極めてよろしくない結果を生みます。

「合意」「決断」に至る道は、すべて同じプロセスを経る

実は、様々異なる意見がぶつかり合う状況から、それらをミックスして一定の「結論」を導くための最適の方法があります。それは、裁判の手法を真似たやり方です。

裁判ほど、「異なる意見が真っ向からぶつかる」話し合いは、他に類を見ません。Aを主張する人がおり、それに反してBを主張する人がいる。ある主張を擁護する人、反

論する人、批判する人、あらゆる立場の人が入り乱れ、AとBのどちらの主張がまっとうなのかを議論する場、それが法廷です。

しかも、裁判には必ず「判決」という名の結論が出ます。あらゆる意見をぶつけ合いながら徹底的に議論をしつくして、最終的には裁判官が、もっとも妥当と思われる「判決」を下します。その結論に対しては、悲喜こもごも、多くの人々が様々な感情を抱くでしょうが、ほとんどの場合は納得感を持ち、判決を受け入れます。上告などの手段はあっても、判決が最終的に確定すれば、それを不服として暴動が起きる、などということは日本では考えられません。

この裁判の手法を、政治の場でもビジネスの場でも応用するのです。

異なる意見の者たちが徹底的に議論する。その上で決定権を持っている者が決断を下す。その決断には皆が従う。決断が下されるまでは誰にも忖度せずに、誰もが持論を展開する。決定権者は期限を決めて決断し、ダラダラと決断を先送りするようなことはしない。

このような方法で、異なる意見を持つ者が徹底的に議論をすると、それを客観的に見ている者の頭には、だんだんと落としどころが見えてきます。ある意見が主張されたとしても、それに対する問題点が指摘され、そうするとその問題点への改善策が主張される。これを繰り返すことで異なる意見がだんだんとミックスされてくるのです。それでも完全に一つの意見にはまとまり切りません。だからこそ、最後は決定権者が決断をくだして一つにまとめ上げるのです。

この本でも57ページでダム建設の中止を巡る議論の話をしました。人々の命を左右するような重大なテーマ、あるいは国民世論が分かれるような重大なテーマに関しては、リーダーがいきなり一方的に決めることは、望ましくありません。必ず反対の立場の者の不満が増幅します。

たしかに強力なリーダーシップを発揮するトップがいきなり決断した方が、万事速やかに進むかもしれません。特に決断が急がれている場合は、多方面の意見を聞いたところで、「船頭多くて船山にのぼる」状態になってしまうという懸念もあるかもしれません。ただし、その後も長きにわたって関係者の不満が尾を引くくらいなら最初に徹底して議論を戦わせた方が、はるかに皆の納得感を得られるだろうというのが僕の持論です。

「耳の痛い話」が届けられる仕組みをつくる

議論の場におけるリーダーの役割とは、ファシリテーター、あるいは裁判官役です。メンバーには「とことん意見を出しつくしてほしい」といって、リーダーはひたすらじっと議論に耳を傾けるのです。質問があったら投げかけ、徹底的にドライに話を聞いていく。とことん議論のやりとりを聞いていけば、だいたい意見が出つくした瞬間、落としどころ、決断の頃合いが見えてきます。そうしたら、最後、リーダーは裁判官役として、「結論」をくだすのです。

岸田首相は「聞く力」を前面に押し出して、首相となりました。岸田首相に限らず、「私には聞く力がある」とアピールするリーダーは世に少なくありません。

「私にとって耳の痛い話もどんどん届けてください」「中間管理職の目を気にせず、直接、トップである私のところに意見を持ってきてください」と彼らは一様に言います。

もしかしたら、本当にそう願っているのかもしれません。

しかし、その言葉を真に受ける部下はほとんどいないはずです。もちろん霞が関の官僚たちも、政治家のそんな言葉を信用していません。彼ら彼女らは、このようなトップの言葉とは別次元で存在する「見えない掟」をよくよく分かっているからです。賢い彼ら彼女らは、本当にトップにとって耳の痛い話をしたら、真っ先に左遷させられることをよく分かっています。直接トップから処罰されなくても、自分たちの存在意義を無視された中間管理職が黙っていないことを承知しているのです。

だからこそ、「聞く耳がある」「耳の痛い話も届けて」と真にリーダーが願うのであれば、そのメッセージは、部下たちがそれをできる職場環境とセットで発信しなくてはなりません。職場環境を整えることなく、「部下個人の勇気」で「耳の痛い話をこちらに届けて」というのはリーダーの怠慢です。

「ここでならば本音を出していい」「本気で持論を展開してもいい」「根拠を提示して異なる意見をぶつけ合える」という「議論」の場を用意することで、徹底的に話し合える環境を整える。リーダーはそうした議論の場で、部下たちのやり取りを客観的に聞き、耳を傾けるべきです。

もちろん部下たちの意見すべてを聞き入れる必要はありません。しかし、その議論の場に参加していたメンバーたちがある程度納得できる落としどころを見つけ、ベストないしはベターな結論を導き出せる人こそが、本当に「聞く力」を持つリーダーと呼べるのです。

「全会一致」は夢想の産物と心得よ

議論における裁判形式の手法が、なぜ妥当なのか。

それは「参加者の納得感を得られる」だけにとどまりません。決定権者に最終的な決定権を与えない「全会一致方式」は夢想の産物であるからです。

日本は民主国家ですが、民主主義の手法に慣れていないと僕は思っています。真の民主主義とは、「異なる意見」の共存を認め合うことです。「Aという意見を持つ人」「真逆のBという意見を持つ人」「まったく違う選択肢のCという意見を持つ人」「一周回ってDという意見を持つ人」……本来まったく異なる「持論」を持ち、異なる立場に立つ人が、同じ空間に混在することを許すのが民主主義です。

ところが、どこをどう間違ったのか、日本は「Aという意見が正しいよね」という社会の何となくの空気が存在すると、「Bという意見」「Cという意見」「Dという意見」は、なかったことにしてしまおうという力学が働く社会になってしまっています。

それは戦後民主主義教育の弊害である全会一致方式のせいだと僕は思っています。

異なる意見が併存していては全会一致になりません。つまり全会一致とは異なる意見の共存を認めない手法なのです。

ところが、「全会一致」こそが、民主主義の正しい道だと、多くの人が誤解してしまっています。でも、多種多様な異なる意見の持ち主がいる中で「全会一致」など、本来実現性の乏《とぼ》しい幻想ですよ。

「Ａが正しい」「Ｂが正しい」「Ｃが正しい」と心から信じる人々が、何時間議論しようとも、参加者が１００％「Ａが正しい！」と全会一致になることはあり得ません。参加者たちが本気で議論すればするほど紛糾して、際限なく続くことになります。ですから全会一致の結論を得るためには、参加者たちはその場の空気を忖度しながら、自分の意見を押し殺していくしかない。

リーダー的な存在が最初から「ゴール（結論）」を何となく示し、参加者たちは上司を見て、部下を見て、同僚を見て、その場の空気を最大限読んだ上で「異議なし」となる。ここで一人「反対」を唱えようものなら、「こいつさえ黙っていればさっさと決まるのに」と無言の怒りの圧を一身に受けることになるでしょう。これが日本のいたる組織の中の会議で見られる様子ですが、しかし、これは果たして「議論」と呼べるのでしょうか。

そうではなく、「全会一致」はあり得ないことを前提に、つまり「議論は紛糾する」ことを前提として、徹底的に異なる意見を出し合いつつ、しかし最終的には（裁判官役である）リーダーが議論を引き取り、「結論」を導くというやり方が、異なる意見が共存するという意味で一番民主的な方法だと思います。

「置かれる場所」を変えるのも一つの方法

話を「個人」の視点に戻します。今の時代、多くのビジネスパーソンが関心を持ち、それと同時に、悩みを多く抱えているのが「転職」についてでしょう。

僕は、転職推奨派です。日本の人材流動性を高めるためにも、どんどん日本人は転職をした方がいいし、そのほうが個人の人生の自由度も高まっていくと思っています。

周囲と自分の「ズレ」を認識したうえで、どうしてもその職場が合わないのであれば、無理して留まり続ける必要はありません。その場合は、身を置く場所を変える、すなわち「転職」をしていけばいいと思うのです。

ただし、気を付けてほしいのは、どんなに環境を変えても、「自分自身」からは離れることができないということです。自分が成長できる環境はどこなのか、自分は１年後、３年後どのような人間になっていたいのか、こうした意識をはっきり持っての転職ならば、確実にその決断は成長に結びつくはずです。

でも、ただなんとなく「この職場は合わない気がする」「ここではないどこかにもっと自分が居心地よく過ごせる場所があるはず」という逃げの姿勢での転職ならば、残念ながら、新たな居場所が手に入っても、必ず不満を抱くはずです。隣の芝生は青く見えるものですし、幸せの青い鳥を探し求める人は、実は足元に隠れている自分の「幸福」に気づきにくいものです。

「今、働いている職場が、何となく合わない」のであれば、どのレベルで自分はその職場と合っていないのか、「ズレ」がどこに潜んでいるのか自問自答してみてください。

自分自身の能力的な積み重ねが足りていないのか、組織の「見えない掟」の把握ができていないのか、それとも企業文化と自分の価値観が合っていないのか……。

仮にあなたが今、レストランで働いており、上司から叱責《しっせき》続きでつらい日々を送っているとします。明らかにレストラン側が求めているものと、あなたが提供しているスキルの間に「ズレ」が生じているわけですが、その「ズレ」が何なのかわからない。

超一流のサービスや味を求める一流レストラン側に対して、あなたの実力がその域に達していないのか。それとも大衆ビストロで求められているのはスピードや効率性なのに、あなたが要領の良さを発揮できていないのか。

周囲が慌ただしく開店準備をしているのに、あなたが一つ一つグラスをピカピカに磨き上げることに時間をかけていたら、そこには両者の「ズレ」が存在していることになります。そのズレを見つけることができれば、自分に合う新しい職場環境を見つけることが可能となりますが、逆にズレに気付かないまま転職しても、またズレが生じるリスクが高い。

あなたに求められるスキルと現実のあなたのスキルの「ズレ」が生じないための方策が、最近話題となっている「ジョブディスクリプション」（職務記述書）です。働く人の仕事の範囲を明文化するものですが、フリーランスや業務委託で働く場合は、契約においてこれを事前に明確にすることが必要です。

このようないわゆる「ポータブルスキル」が求められる時代には、組織を移り変わることを前提に、自分のスキルを磨き上げる努力が欠かせないのです。

あなたが叱責されるのは、どこに「ズレ」があるからなのか

職場で能力を発揮できずに鬱々としている人、上司と合わなくて悶々としている人、仕事で成長を感じられずモヤモヤしている人、世の中には大勢いますよね。

これはまさに、周囲と自分の間の「ズレ」を認識できていないことから発していることが多いのです。

試験勉強を思い出してください。難関といわれる学校や試験を突破するには、それなりの方法論が必要です。望む学校の偏差値を見て、現在の自分の偏差値を知り、弱いところを探し出してどこまでそれを補強できるのか。皆さんも限られた期間において、目標から遡ってそれを達成する道筋を設定するという、いわゆるバックキャスティングを繰り返しながら受験勉強を行ってこられたはずです。その手法を社会人になっても応用すべきです。

また、わが家の子どもたちの試験時期には、まずは結果が出る前に「何点くらい取れると思う？」と僕は聞くようにしてきました。すると子どもたちは「だいたい○点くらいかなぁ」と答えるわけですが、ふたを開けてみたら全然違う、ということもしょっち

ゅうでした。
「80点くらい取れているかなぁ」と言っていたのに、「実際は50点でした」という場合は、「これは重大やで」と、本腰入れて間違ったところを見直す作業に突入します。自分の力を把握しきれていないことが重症なのです。

このときに「今回は50点くらいしか取れなかったと思う」だったら、まだいいのです。予想と現実に「ズレ」がないわけで、自分のことをよく理解しているわけですから。

「自分が思っている自分の実力」と、「本当の実力」の間に大きな「ズレ」があれば、その感覚の狂いを正す作業が必要になります。ここのズレがあるままでは、どれだけ勉強したとしても思うような効果を出すことはできないでしょう。これくらいの勉強でいいかなと思っていること自体にズレがあるのですから。

仕事においても「自分の仕事ぶりは80点くらい」と思っている人の実力が、周囲から見ると「実は平均点以下」の場合ほど、残念なことはありません。そこに大きな「ズレ」があること自体に本人が気づいていないと、「なんとなく同僚がいつも嫌味を言ってくる」「上司から毎日叱責される」「経理からもため息をつかれる」という、地味にきつい毎日を送ることになります。長引けば、精神的なダメージが大きくなり、仕事もできなくなります。

社会に出れば、誰もが壁にぶつかり、悩むこともあるでしょうが、その後、壁を乗り越えて成長していけるかどうかは、自分の力の「ズレ」を把握できるか、できないかにかかってきます。

学生時代は、試験に出るポイントを先生が教えてくれたり、試験範囲が明確だったりするものですが、社会に出れば、大海に放り出されます。目指すべき岸辺も、泳ぎ方も、誰も手取り足取り教えてはくれません。周囲はスイスイ泳いでいるのに、自分はモタモタしているのならば、泳ぎ方が下手なのか、呼吸が下手なのか、あるいはそもそも目指すべきゴールを見失っているからなのか、そのズレを自分で探さなくてはいけないのです。

今、暗闇の中にいて、もがいている人は、どうか自分の「ズレ」を探してみてください。自分が今つらいのは、仕事と自分の実力差という「ズレ」なのか、組織の価値観や目指すべき理想と自分の想いの間の「ズレ」なのか、それとも目の前の上司の感覚との「ズレ」なのか。

もし三番目の上司との「ズレ」が一番の問題なら、「会社を辞める」という選択まで下さなくてもいいかもしれませんよね。それこそ「スネ夫」的に立ち回り、嵐が過ぎ去るのを待ったり、人事異動を願い出たり、「この上司はあと何年いるか」を探ってみたりすることもできるでしょう。自分の敵は、会社なのか、上司なのか、現在のできない自分なのか……、それによって次のアクションが変わってくるのです。

「ジャイアン的権力」に従ってもいいが、媚びてはいけない

生きていると様々な人間模様を経験します。時に翻弄され、手ひどい目に遭うこともあるでしょう。時には「長い物には巻かれろ」を選ぶことがあっても僕はいいと思っています。上司が、先輩が、同僚が、いやだなと思いながらも、なんとかその関係を維持することが自分にとってのメリットになるならば、スネ夫的に立ち回り、その場をやり過ごす賢さや器用さがあった方がいいでしょう。馬鹿正直に自分の感情を表に出す必要はありません。「あと半年我慢すれば、この上司はいなくなるから」と思うならば、そこで自分を貫いてトラブルを起こすより、ほどほどに相手をいなしてやり過ごすのも立派な態度です。

ただし、絶対にやってはいけないことが一つだけあります。

それは相手に侮辱されることです。表現を変えれば、相手に媚《こ》びへつらうような手段だけは取ってはならないということです。

「長いものに巻かれる」のと、「媚びへつらう」のは何が違うのか。それは目的の違いです。「長いものに巻かれる」のは、自分のメリットを天秤《てんびん》にかけた際、それが得になるのであれば、あえて権力者の支配下に入るのもいとわないことです。

一方「媚びへつらう」のは、権力者に取り入り、その歓心を買うことを目的とします。自分より強い相手に、自分のことを好きになってもらおうとすること。これは両者の心にゆがみをもたらします。

権力を持つ相手とトラブルを起こさないために、とりあえず従う、相手の要求を呑む、時には御用聞きもしながら相手を差し障りない程度で褒める、そういうのはいいんです。もしかしたらそれがきっかけで、結果的に相手との関係が良好になることもあるでしょう。そもそも、相手を先入観で判断して「いやな奴だ」と勝手にこちらが思い込んでいたかもしれません。こちらの態度が緩やかになったことで、相手が心を開いてくれるということもあるでしょう。

しかし、相手がこちらのことをとことん無視したり、嫌がっていたり、ましてや侮辱しているのを知りながら、何とか自分を好きになってもらおうと、とことん卑屈な態度で接するようなことはお勧めしません。それは結果的に相手から侮辱される関係に帰結しがちだからです。

相手に嫌われようが、無視されようが、とことん呼吸が合わなかろうが、とりあえず一緒の空間で生きていくことはできますが、相手から侮辱される関係性は持続可能ではありません。それはあなたの価値を大きく減じることになり、周囲からどんどん侮辱されるようになります。そのようになるくらいならば、その場を去り、まったく別の環境に身を置いたほうがいいでしょう。

「持論」のない者は、存在すら抹殺される

１９９１年の湾岸戦争の際、日本は自衛隊派遣を行わないことの引き換えに、多額の資金を多国籍軍に提供しました。１３０億ドル（約1兆８０００億円）という巨額な資金を投じた日本でしたが、イラクから解放されたクウェート政府が「解放のために努力してくれた国々」と感謝の広告を新聞に載せた際、そこに日本の名前はありませんでし

た。

当時の日本の対応は「小切手外交」と呼ばれ、「お金を出すだけでは世界は貢献を認めてくれない」という教訓を日本にもたらし、その後、自衛隊の海外派遣を認める「国連平和維持活動協力法」（ＰＫＯ協力法）成立につながりました。

アメリカから自衛隊派遣を求められていた日本は、憲法上不可能として、多額の拠出金で免除してもらったわけですが、当時も今も、自衛隊（軍隊）を出さずにお金だけを出したという事実が、国際社会からの軽視につながったという意見が大勢を占めます。

もちろんそのような側面もあるのでしょうが、次のような指摘もあるのです。実は、軍を出さずにお金だけを出したというのは、ドイツも同じ選択をしていました。でもドイツはその選択に対して引け目など感じず、むしろ値引き交渉までしたうえで、なぜ軍を派遣できないのか、堂々と国際社会に向けて自らの「持論」を発信し続けました。

この点、当時、日本をはじめとする世界各国と交渉に当たったアメリカの国務長官ジェームズ・ベーカー３世の回顧録『シャトル外交――激動の四年』（新潮社）には、日本の政治家の名前や、日本の政治家との交渉の話が一切出てこないことに驚かされます。日本以外の世界各国の政治家の名前はどんどん出てくるのに、です。特に拠出金を値切ったドイツの政治家は、タフ・ネゴシエーターと称賛されていますし、アメリカの方針にあれこれ注文を付け、いささかいも多かったイギリスの政治家も、「手を焼かされ、しかし最も頼りになったのはイギリスだ」と激賞されています。

そんな中で、アメリカの言い値のお金をポンと出した日本は、まったくというほど存在感を発揮していません。おそらくベーカー氏の記憶にはほとんど残っていないのでしょう。日本は俺たちが言えば、なんでも従う。日本には意見や持論なんてない。そういうことでしょうか。

要するに日本は、自衛隊を出さずにお金だけ出したことを非難されたのではなく、そこに「持論」がなかったことが、存在感の希薄さにつながったのです。交渉も議論もせず、自らの立場をアピールすることもなく、ただアメリカに言われるがままのお金を出した日本は、その結果感謝もされなければ、お金を出したことすらも思い出してもらえないような扱いを受けたわけです。

「持論」がないと、こうなってしまうのです。媚びへつらう側は非常に神経を使い、しかし、へつらいを受ける側はどんどん調子に乗っていき、最終的に侮辱につながることは、国家でも組織でも個人でも見られる現象です。

もちろん、それぞれの立場の違い、権力の有無、発言権の強さ、関係性は常にフラットとは限りません。ジャイアンのような強者もいれば、スネ夫のような立ち回りのうまいやつもいるし、のび太のようにのんびりしている者もいるでしょう。しかしどんな時でも、自分の意見、持論を手放してはいけないし、考え続けること、議論する意思を放棄してはいけないのです。

日本で一番生産性が低いのは「政治の世界」

日本の組織は、素晴らしいポテンシャルを秘めていると僕は思っています。日本人は勤勉ですし、いざという時の組織力も見事です。ただし、もっとその力を伸ばすことができるとも感じています。

日本は「生産性」が低いとよく言われています。しかし、その現状を変えようといつも叫んでいる政治の世界こそ、「生産性」からは程遠い。

僕が政治の世界に入って驚いたことは多々ありますが、一番象徴的だったのが、日本政府の中枢機関である各省庁における「こより」でした。日本政府の方針は内閣の閣議決定で決まりますが、その閣議決定関連文書を束ねる備品がいまだに紙の「こより」だということを、皆さんはご存じでしたか。「こより」ですよ。時代劇にでてくるような細長い紙をよじって作る「こより」。和綴《わと》じの本に使用される、あの「こより」です。21世紀の現代において、紙の資料から脱却するどころか、大量にプリントアウトした資料を綴じるのがホッチキスですらなく紙の「こより」なんです。

紙の「こより」で綴じる前にも驚きの作業が数々あります。まず表紙には青枠というものがあり、その枠から5ミリ内側と定められた場所に、関係閣僚たちの判子が整然と押される必要があるのです。定規で測り、2ミリでもズレていれば、判子の取り直しになります。仮に4人の大臣の判子が必要なら、取り直しの作業だけで一日がかりだそうです。4省にまたがり、官僚たちが判子を求めて駆けずり回らなくてはならないのです。

そうして何とか集められた閣僚たちの判子が恭《うやうや》しく押された文書の束は、最終的にキリで上部に穴をあけられ、紙のこよりで綴じられるというのです。この作業を東大法学部を卒業し国家公務員試験をパスした優秀な若手官僚たちが、せっせせっせとやっているのです。

中堅・若手官僚たちとのある勉強会で「いったいなんで、こんなことをやっているのですか？」と、僕はごく自然に湧き上がる問いを口にしましたが、「いや、もうずっとこれなんです」というのが官僚たちの答えです。

「いつからですか？」と聞いたら、「たぶん江戸時代、いや鎌倉時代、平安時代から……」。

その場はお酒も入っていたので大笑いとなりましたが、優秀な若手官僚たちを使って、キリで穴を開けさせている異常さに、霞が関の政府組織も、永田町の政治家たちも、さらには政治部記者たちも誰も気づかないし、誰も異を唱えられない。なぜなら、それは日本政府の内閣で脈々と受け継がれてきた伝統、「見えない掟」だからです。その掟を破って「持論」を展開するなど、その組織に属する者としてあってはならない。そういう暗黙の了解があったのでしょう。

ところが2020年、その〝伝統〟〝見えない掟〟についに風穴があきました。現在のデジタル大臣、河野太郎氏の手で、閣議決定関連文書の判子押し、こより綴じが廃止されたのです。今後は、デジタル文書での保管を視野に入れつつ、まずは膨大な労力・時間・気力を投入する悪しき慣行の見直しをするための第一歩だったのでしょう。

日本産業界の労働生産性をいかに高めるか、という議論をしている政治の世界、霞が関の官僚の世界が、実は一番労働生産性が低いという現実の認識から始めなくてはなりません。

「労働生産性」を阻む最大の障壁は、組織の「見えない掟」であることが大きい。「判子をなくそう」「無駄な会議を改善しよう」「縦割り組織に横串を刺そう」、こうした提案は「見えない掟」をことごとく打破するところから始める必要があります。そこを打ち破るパワーを、多くの組織が持つようになれば、日本の生産性も向上の一歩を踏み出すと思います。

「異なる意見」が共存できる社会こそが、幸せを生む

これまで「持論」のつくり方、議論のやり方を論じてきました。持論を武器に、自分自身の現状を打開できる能力を身に付けたら、今度は組織の硬直性にもメスを入れていってほしいのです。そのためには「見えない掟」を嗅ぎ取る嗅覚も必要です。嗅ぎ取ったうえで、しかし、その「掟」に従うメンバーを全否定せず、嘲笑せず、罵倒せず、その良さも認めながらも、協働して改善すべきところは改善していってほしい。

日本の政治の世界は労働生産性が低いと言いましたが、他方、日本は成熟した素晴ら

しい民主主義国家です。国家としての基盤はすでに立派に確立されており、国家運営は基本的にはスムーズに行われています。国民の識字率は言わずもがな、教育レベルも非常に高水準です。100年前ならば、一部の高等教育を受けたエリート層が社会を動かしていました。しかし、いまや国民は皆、自分の頭で考え、意見を言い、国家の運営に対して口を出すことができるようになりました。国民の価値観も多様化し、学校の先生や、政治家や官僚たちが絶対的な「正解」を国民に指し示し、それを国民がありがたく頂戴するような時代ではなくなったのです。

そうした日本社会において、政治に求められることとは、何でしょうか。価値観が多様化しているがゆえに何が正解か分からない中、それでもベターな正解を国民が納得する形で導いていくことだと僕は思っています。

そしてそれはビジネスの世界でも同じことが言えるのではないでしょうか。「これをつくれば絶対売れる」「日本だけでなく世界で大ヒット間違いなし」と言える商品なりサービスなりが分かる時代ではなくなりました。

欲しいものも皆それぞれ異なり、望むライフスタイルも千差万別の現代です。家族の在り方にも絶対的な正解はなく、教育の世界にも絶対的な正解はない。男性の生き方にも、女性の生き方にも絶対的な正解はなく、そもそも性のありかたも多様になっている時代です。

そうした世界では「全会一致」は、幻想でしかありません。むしろ「全会一致」を求めることで、封じ込まれる「意見」が多発する現状に、そろそろ目を向ける時ではないでしょうか。我々は、それぞれが異なる立場から、それぞれの想いを主張し、持論を交わすことができる、そんな社会の醸成こそが、これからの日本に求められることだと僕は思っています。

「誰一人取り残さない社会」を目指そうというスローガンをよく目にしますが、本当に幸せな、豊かな社会とは、「一人一人に」安心できる居場所がしっかりあることだと僕は思っています。「全会一致」で、「みんな一緒」でなくてもいい。必ずしも「組織」に属さなくてもいい。「組織」に属さなくても、社会から排除されない。異なる意見を持っていても、ちゃんと自分の居場所がある。異なる意見がしっかりと共存する、そんな社会を目指すべきだと、僕は思っています。

おわりに

本書は、僕のこれまでの人生経験を振り返り、「人間関係に消耗することなく生きるためにはどうしたらいいか？」という根本的な問いに答えた一冊です。

その答えを「折れない心を持つこと＝自分の軸を見出すこと」と表現して、人間関係以外の話も色々としてきました。

そもそものきっかけは『君はどうして友だちがいないのか』を大人向けにアップデートしてお話ししたいと考えたことでした。

現代人は目の前の人間関係に、あまりにとらわれすぎている。だから、人間関係をもっとラクに捉えるにはどうしたらいいか。

そんな風に考えて出てきたのが「自分の軸を持つ」というメッセージでした。

世間と自分の「ズレ」を認識すること。

そのズレを契機として「持論」を語ること。

持論を語ることで、「自分の軸」「個性」と呼べるものを見出すこと。

本書で述べた教訓は、僕が昔から強く意識していたものばかりではありません。53歳になって人生を振り返り、さまざまな人たちとたくさん出会う中で「ここが人生において重要だったんだな」と気づいた点が多くあります。

だからこそ、読者の方々が今からそれらを知ることで、これからの人生に少しでも参考になればありがたいな、と感じています。

自分の軸を見出し、他人に振り回されない生き方を貫くヒントを、本書から何かしら得ていただければ、僕にとっては望外の喜びです。

橋下　徹

2023年3月

構成――三浦愛美

PHP新書

PHP INTERFACE
https://www.php.co.jp/

橋下 徹[はしもと・とおる]

大阪府立北野高等学校、早稲田大学政治経済学部卒業。1998年、橋下綜合法律事務所を開設。2008年に38歳で大阪府知事、2011年に42歳で大阪市長に就任。大阪府庁1万人、大阪市役所3万8000人の組織を動かし、絶対に実現不可能と言われた大阪都構想住民投票の実施や行政組織・財政改革などを成し遂げる。2015年、大阪市長を任期満了で退任。現在はテレビ出演、講演、執筆活動を中心に多方面で活動。『実行力』『交渉力』『決断力』(以上、PHP新書)など著書多数。

折れない心――人間関係に悩まない生き方

PHP新書 1352

二〇二三年五月十日 第一版第一刷

著者――橋下 徹
発行者――永田貴之
発行所――株式会社PHP研究所
東京本部――〒135-8137 江東区豊洲5-6-52
ビジネス・教養出版部 ☎03-3520-9615(編集)
普及部 ☎03-3520-9630(販売)
京都本部――〒601-8411 京都市南区西九条北ノ内町11
組版――有限会社エヴリ・シンク
装幀者――芦澤泰偉+明石すみれ
印刷所
製本所――図書印刷株式会社

ISBN978-4-569-85446-5

ＰＨＰ新書刊行にあたって

「繁栄を通じて平和と幸福を」(PEACE and HAPPINESS through PROSPERITY)の願いのもと、ＰＨＰ研究所が創設されて今年で五十周年を迎えます。その歩みは、日本人が先の戦争を乗り越え、並々ならぬ努力を続けて、今日の繁栄を築き上げてきた軌跡に重なります。

しかし、平和で豊かな生活を手にした現在、多くの日本人は、自分が何のために生きているのか、どのように生きていきたいのかを、見失いつつあるように思われます。そして、その間にも、日本国内や世界のみならず地球規模での大きな変化が日々生起し、解決すべき問題となって私たちのもとに押し寄せてきます。

このような時代に人生の確かな価値を見出し、生きる喜びに満ちあふれた社会を実現するために、いま何が求められているのでしょうか。それは、先達が培ってきた知恵を紡ぎ直すこと、その上で自分たち一人一人がおかれた現実と進むべき未来について丹念に考えていくこと以外にはありません。

その営みは、単なる知識に終わらない深い思索へ、そしてよく生きるための哲学への旅でもあります。弊所が創設五十周年を迎えましたのを機に、ＰＨＰ新書を創刊し、この新たな旅を読者と共に歩んでいきたいと思っています。多くの読者の共感と支援を心よりお願いいたします。

一九九六年十月

ＰＨＰ研究所

PHP新書

［経済・経営］

1273 自由と成長の経済学　柿埜真吾
1282 データエコノミー入門　野口悠紀雄
1295 101のデータで読む日本の未来　宮本弘曉
1299 なぜ、我々はマネジメントの道を歩むのか［新版］　田坂広志
1329 51のデータが明かす日本経済の構造　宮本弘曉
1337 プーチンの失敗と民主主義国の強さ　原田　泰
1342 逆境リーダーの挑戦　鈴木直道

［政治・外交］

893 語られざる中国の結末　宮家邦彦
898 なぜ中国から離れると日本はうまくいくのか　石　平
920 テレビが伝えない憲法の話　木村草太
931 中国の大問題　丹羽宇一郎
954 哀しき半島国家　韓国の結末　宮家邦彦
967 新・台湾の主張　李　登輝
979 なぜ中国は覇権の妄想をやめられないのか　石　平
988 従属国家論　佐伯啓思
1000 アメリカの戦争責任　竹田恒泰
1024 ヨーロッパから民主主義が消える　川口マーン惠美
1060 イギリス解体、EU崩落、ロシア台頭　岡部　伸
1076 日本人として知っておきたい「世界激変」の行方　中西輝政
1083 なぜローマ法王は世界を動かせるのか　徳安　茂
1122 強硬外交を反省する中国　宮本雄二
1124 チベット　自由への闘い　櫻井よしこ
1135 リベラルの毒に侵された日米の憂鬱　ケント・ギルバート
1137 「官僚とマスコミ」は嘘ばかり　髙橋洋一
1153 日本転覆テロの怖すぎる手口　兵頭二十八
1155 中国人民解放軍　茅原郁生
1157 二〇二五年、日中企業格差　近藤大介
1163 AI監視社会・中国の恐怖　宮崎正弘
1169 韓国壊乱　櫻井よしこ／洪　熒
1180 プーチン幻想　グレンコ・アンドリー
1188 シミュレーション日本降伏　北村　淳
1189 ウイグル人に何が起きているのか　福島香織
1196 イギリスの失敗　岡部　伸
1208 アメリカ　情報・文化支配の終焉　石澤靖治
1212 メディアが絶対に知らない2020年の米国と日本　渡瀬裕哉
1225 ルポ・外国人ぎらい　宮下洋一
1226 「NHKと新聞」は嘘ばかり　髙橋洋一
1231 米中時代の終焉　日高義樹
1236 韓国問題の新常識　Voice編集部［編］
1237 日本の新時代ビジョン　鹿島平和研究所・PHP総研［編］
1241 ウッドロー・ウィルソン　倉山　満

［**歴史**］

1167 吉田松陰『孫子評註』を読む　森田吉彦
1168 特攻　知られざる内幕　戸髙一成［編］
1176 「縄文」の新常識を知れば 日本の謎が解ける　関 裕二
1177 「親日派」朝鮮人　消された歴史　拳骨拓史
1178 歌舞伎はスゴイ　堀口茉純
1181 日本の民主主義はなぜ世界一長く続いているのか　竹田恒泰
1185 戦略で読み解く日本合戦史　海上知明
1192 中国をつくった12人の悪党たち　石 平
1194 太平洋戦争の新常識　歴史街道編集部［編］
1197 朝鮮戦争と日本・台湾「侵略」工作　江崎道朗
1199 関ヶ原合戦は「作り話」だったのか　渡邊大門
1206 ウェストファリア体制　倉山 満
1207 本当の武士道とは何か　菅野覚明
1209 満洲事変　宮田昌明
1210 日本の心をつくった12人　石 平
1213 岩崎小彌太　武田晴人
1217 縄文文明と中国文明　関 裕二
1218 戦国時代を読み解く新視点　歴史街道編集部［編］
1228 太平洋戦争の名将たち　歴史街道編集部［編］
1243 源氏将軍断絶　坂井孝一
1255 海洋の古代日本史　関 裕二
1266 特攻隊員と大刀洗飛行場　安部龍太郎
1267 日本陸海軍、失敗の研究　歴史街道編集部［編］
1269 緒方竹虎と日本のインテリジェンス　江崎道朗
1276 武田三代　平山 優
1279 第二次大戦、諜報戦秘史　岡部 伸
1283 日米開戦の真因と誤算　歴史街道編集部［編］
1296 満洲国と日中戦争の真実　歴史街道編集部［編］
1308 女系で読み解く天皇の古代史　関 裕二
1311 日本人として知っておきたい琉球・沖縄史　原口 泉
1312 服部卓四郎と昭和陸軍　岩井秀一郎
1316 世界史としての「大東亜戦争」　細谷雄一［編著］
1318 地政学と歴史で読み解くロシアの行動原理　亀山陽司
1319 日本とロシアの近現代史　歴史街道編集部［編］
1322 地政学で読み解く日本合戦史　海上知明
1323 徳川家康と9つの危機　河合 敦
1335 昭和史の核心　保阪正康
1340 古代史のテクノロジー　長野正孝

［**自然・生命**］

1016 西日本大震災に備えよ　鎌田浩毅
1257 京大　おどろきのウイルス学講義　宮沢孝幸

1201 未完の資本主義　ポール・クルーグマンほか[著]／大野和基[インタビュー・編]
1202 トイレは世界を救う　ジャック・シム[著]／近藤奈香[訳]
1219 本屋を守れ　藤原正彦
1223 教師崩壊　妹尾昌俊
1229 大分断　エマニュエル・トッド[著]／大野 舞[訳]
1231 未来を見る力　河合雅司
1233 男性の育休　小室淑恵／天野 妙
1234 AIの壁　養老孟司
1239 社会保障と財政の危機　鈴木 亘
1242 食料危機　井出留美
1247 日本の盲点　開沼 博
1249 働かないおじさんが御社をダメにする　白河桃子
1252 データ立国論　宮田裕章
1262 教師と学校の失敗学　妹尾昌俊
1263 同調圧力の正体　太田 肇
1264 子どもの発達格差　森口佑介
1271 自由の奪還　アンデシュ・ハンセンほか[著]／大野和基[インタビュー・編]
1277 転形期の世界　Voice編集部[編]
1280 東アジアが変える未来　Voice編集部[編]
1281 5000日後の世界　ケヴィン・ケリー[著]／大野和基[インタビュー・編]／服部桂[訳]
1286 人類が進化する未来　ジェニファー・ダウドナほか[著]／大野和基[インタビュー・編]
1290 近代の終わり　ブライアン・レヴィンほか[著]／大野和基[インタビュー・編]
1291 日本のふしぎな夫婦同姓　中井治郎
1298 子どもが心配　養老孟司
1303 ウイルス学者の責任　宮沢孝幸
1307 過剰可視化社会　與那覇潤
1315 男が心配　奥田祥子
1321 奇跡の社会科学　中野剛志
1326 ネイチャー資本主義　夫馬賢治
1328 「立方体が描けない子」の学力を伸ばす　宮口幸治
1331 何もしないほうが得な日本　太田 肇
1334 指導者《リーダー》の不条理　菊澤研宗
1336 虐待したことを否定する親たち　宮口智恵
1343 ディープフェイクの衝撃　笹原和俊